马 修 斯
儿童哲学
三 部 曲
II

Dialogues with Children

与儿童对话

（新版）

加雷斯·B. 马修斯 著

陈鸿铭 译

生活·讀書·新知 三联书店

Simplified Chinese Copyright © 2020 by SDX Joint Publishing Company.
All Rights Reserved.

本作品简体中文版权由生活·读书·新知三联书店所有。
未经许可，不得翻印。

DIALOGUES WITH CHILDREN
by Gareth B. Matthews
Copyright ©1984 by the President and Fellows of Harvard College
Published by arrangement with Harvard University Press
Through Bardon-Chinese Media Agency

图书在版编目（CIP）数据

与儿童对话：新版／（美）加雷斯·B. 马修斯著；陈鸿铭译．—2 版．—北京：生活·读书·新知三联书店，2020.9
（马修斯儿童哲学三部曲）
ISBN 978-7-108-06901-6

Ⅰ. ①与…　Ⅱ. ①加…②陈…　Ⅲ. ①儿童教育－教育哲学
Ⅳ. ① G61-02

中国版本图书馆 CIP 数据核字（2020）第 145653 号

责任编辑	胡群英
装帧设计	薛　宇
责任印制	宋　家
出版发行	生活·讀書·新知 三联书店
	（北京市东城区美术馆东街 22 号 100010）
网　　址	www.sdxjpc.com
图　　字	01-2019-6475
经　　销	新华书店
印　　刷	北京市松源印刷有限公司
版　　次	2015 年 10 月北京第 1 版
	2020 年 9 月北京第 2 版
	2020 年 9 月北京第 1 次印刷
开　　本	880 毫米 × 1230 毫米　1/32　印张 5.25
字　　数	86 千字
印　　数	0,001-5,000 册
定　　价	39.00 元

（印装查询：01064002715；邮购查询：01084010542）

致安德里亚、丹尼尔、达波、唐纳德、埃斯特、
马丁、尼尔和理查德
For Andrea、Daniel、David-Paul、Donald、Esther、
Martin、Neil and Richard

目 录

为中文版写的序言　　马修斯　　1

序　　罗伯特·科尔斯　　3

致　谢　　9

前　言　　1

一　快乐　　1

二　欲望　　11

三　故事　　21

四　奶酪　　31

五　帆船　　43

八　知识　　57

七　语言　　73

八　时光旅行　　　87

九　伦理　　　107

十　未来　　　121

十一　发展心理学　　　135

结　语　　　143
译后记　　　146

为中文版写的序言

我还是个5岁的孩子时，和我的一个朋友一起挖地，我们自以为挖了个很深的洞，计划是要挖成一个游泳池。

我还能记得当时我们很好奇：要是我们继续不断地挖下去，我们将挖到哪里？

"你将挖到中国"，我被告知。我们一直挖就能直达中国这个念头引起了我的兴趣。

我确信当我童年时和朋友一起挖的洞实在并不很深——可能仅是一米，当然不可能超过两米，现在引起我兴趣的想法是什么？是我作为当年挖地时绝不可能做到的事，那就是我的关于儿童哲学思想的著作，将在中国出版。我希望这将有助于引起新的重视，如果不是为了发掘，至少是为了幼童的思想。

加雷斯·B·马修斯
于麻省阿默斯特

序

罗伯特·科尔斯
（Robert Coles）

我在美国及海外与儿童共同工作的许多岁月里，偶尔会听到小孩子说出一些令人惊讶的智慧而机敏的话语。有时他们还会问出令我困窘，甚至由衷大吃一惊的问题。然后，我总会思考我所听到的，并且心怀感激。因为那是一个机会，一个让我再次向别人学习的机会，我也从小孩子的提问与仔细思考谜题中获得了帮助。但是，与这些孩子的不期相遇，同时也激起了我心中的某些反应：困惑、惊恐、苦恼与愤怒。就像马修斯描述的那些情境一般，这对我而言都是痛苦的经验。

我注意到许多成人都对书中的这些"对话"或你一言我一语的交谈持怀疑态度，他们怀疑这些谈话是否可能，或者这些交谈是否拥有更大的智能或道德方面的意义。在我撰写自己的研究成果时，我不断发现自己也有这样的怀疑，怀疑儿童是否拥有马修斯所述的强有力的观察力、持续不断的雄辩力，甚至道德反省与分析的能力。不过，这正是马修斯在《哲学与幼童》以及本书中，经由那些特定孩子说出的话所要展示给我们的。然而，对于这种全然拒绝承认儿童有此能力（这种观点多是由某些权威的传统认知发展理论专家，以及注意他们主张的人所提出的）的怀疑论者，或对其他成千上万的父母教师而言，马修斯应该如何向他们展示说明呢？

在《哲学与幼童》一书中，马修斯试图回答这个问题，他指出，许多研究"儿童发展"和"道德发展"的理论专家，并不像他在书中鼓励我们一般地尊重儿童。这些所谓的专家并没有真正地放下身段来与小孩子长久相处和多次谈话；相反，这些专家询问孩子某些特定的问题，要求他们去执行一些目标，然后评定他们的得分。然而这些理论专家却长期主宰着我对儿童的认识，因为前面提及的那种怀疑情绪在我工作时总是不断地影响着我。事实上，由于长期以来不知道该认同哪一方，这已经成为我太太（她在小学教书）和我之间一个固定的话题。听到儿童——我们的儿子或工作中遇见的小孩——机灵地说出一些看法后，我们会彼此评论说："这好像不应该出自小孩子之口吧！"

在我自己的研究过程中，最重要且最具启发性的时刻发生在二十年前。当时我听说，有一个6岁黑人小女孩，为了促使新奥尔良小学达成消除种族歧视的目标，她承受着无可言喻的仇恨、无止境的威胁，甚至在每天必经之路上受到聚集群众的恐吓。那时候我坚信，不久她就会情绪崩溃、斗志涣散的。由于难以接受自己的孩子要和这个黑人小孩在同一座建筑物内上学，白人父母肯定会拒绝让自己的孩子入学，整所学校就会被许多人放弃。她在人群中行走必须有联邦警察的护送，那些人愤怒异常，高涨的情绪几乎要淹没了那个容易受伤的心灵。

然而那个孩子依旧抬头挺胸，在那些折磨她的过程中存活下来，这个事实震惊了联邦法官、小学教师、校长，以及我们中任何一个无法了解她为什么能始终保持精神抖擞、勇气十足、信心坚定、悲天悯人的人。（她甚至说她会为那些刁难她的人祷告。）我曾问女孩为什么要替这种人祷告，她温和而坚定地回答："因为他们需要。"我又再问了一次为什么，她回答："因为耶稣告诉我们要同情那些像他们一般说话的人。"我要求她说明这个想法的来源，例如来自圣经的哪一条注解，并问她："耶稣真的说过吗？"我立刻就得到她的回应，她说："耶稣说过。当他快死的时候，他要求上帝原谅那些杀害他的人。"

这样令人震惊的答复居然出自一个6岁孩子之口，还是这个孩子经过分析与思考之后说出的。但当时我并没有准备好这么说，就算是现在，我还是会提醒自己：她说不定只是重述别人告诉她的话而已。（就如同我们一样，即使在某种领域里成长并获得学位后，我们仍会引用某些权威或专家的话来描述自己的想法。）这个女孩所做的一切正如同马修斯书中的孩子所做的一样：她观察、聆听，然后用心去问、去思考，再得出一些答案。她认为这类人确实很可怕，不过圣经提过以前就是这样，甚至耶稣也这么认为。她要自己深深记住，尽可能紧跟耶稣的脚步，而她的确成功了。

本书所提及的孩子大多也均如此。作为人类大家庭的一员，他们迫切地追求自己本性的发展，这种本质特征贯穿全书始终。和成人一样，儿童按照持续的认知来组织语言，这种持续的认知表现为不断的好奇心、运转不停的想象力以及充沛的精力。他们加入我们这些好为人师的成年人，交流他们的想法。

如同马修斯指出的一般，在试图理解的过程中，儿童非常愿意提出尖锐、挑衅的问题。他们认真地坚持这些问题，直到某些认知或道德的渴望得到满足——除非他们发现身旁的成人没有聆听他们内心想法的意愿。因此，这些"对话"并非是万中取一的奇迹，而是一个内心敏感的父亲、一个知识渊博的教师从与儿童交往的日常经验中挑选出来的。当然，在我们的日常生活中，只要我们愿意停下匆忙的脚步，用心去聆听、留意去观察，甚至加入儿童发起的谈话（这相当重要），我们自然能得到许多共鸣。

致　谢

本书的写作得到了美国国家人文学科基金（National Endowment for the Humanities）的资助，特此致以诚挚的感谢。

书中有部分章节之前已经以文章的方式发表于 *Phenomenology + Pedagogy 1*（1983）。我刊载于 *Thinking 3*（1981—1982）的评论维薇安·嘉辛·裴利《华利的故事》（*Wally's Stories*）一书的书评中也提及了相关内容。感谢这些刊物允许我使用这些资料。

爱德华·维尔瑞加（Edward Wieringa）给我提供了非常重要的儿童趣事，我心存感激。感谢爱丁堡大学的认识科学学院（School of Epistemics），尤其是学院主任巴利·理查德（Barry Richards），他以相当的和蔼和慷慨在我写作期间给予了诸多帮助。我还要感谢圣玛丽音乐小学的校长阿利森（J. P. S. Allison），如果没有她的帮助，我无法记录和孩子们在一起的这点点滴滴。

前　言

与小孩说话并不是什么新鲜事。身为小孩的父母、祖父母、老师、邻居，或是偶然认识的人，我们一直在和小孩说话。有时我们说话的目的很实际，就是要求他们把耳朵洗干净，少看一点电视，放学后换下衣服。有时我们的目的是有教育性的，我们希望他们学会自己系鞋带，背诵九九乘法表，改正说话的发音或不当的措辞。有时这个目的是社会性的，我们要求小孩尊敬长辈，和其他小孩好好相处。

如果我们是心理学家，我们可以借着跟小孩对话，了解在他们现在的年龄或许应该有怎样的表现。我们可以将孩子所说的话视为他们发展的指标，或者，这些说话的内容甚至可以显示出小孩在某个特定年龄一般应该有怎样的发展，以及这些一般性的发展为什么没有发生在他们身上的原因。如果我们是老师或父母，可以通过与小孩谈话发现他们的发展是否合乎标准。

在与小孩说话的时候,大人不会去和他们讨论一些我们自己觉得困难或有问题的话题。小孩子,单单纯纯的小孩子,怎么可能有效地想出那些连我们——有经验又成熟的大人——都觉得困惑难懂的事情呢?到底为什么小孩会对这类事情感兴趣呢?难道小孩无法"以他们自己的程度"思考这些?如果我们成人向小孩表示我们并不全知道所有问题的答案,甚至我们也不知道到哪里寻找答案,会不会使得小孩不安、难过?要小孩认为无论他们想出什么样的难题,老师或父母早就知道问题的答案(即使是错的!),对小孩情绪的健康发展是不是至关重要的?

对于上述的几个问题,大部分成人都觉得似乎是太夸张了,甚至认为这些问题的答案是显而易见的,因此每个问题在反问的同时也强调了潜隐的答案。本书接下来的章节可能会有不同的看法。

这本书取名为《与儿童对话》,也许向部分读者说明了我是想提出一些证据,借以证明某一种儿童发展理论,或是批判另一种理论。的确,稍后我确实会说明对话是如何与认知发展理论发生关系的,但是,我展示的这些谈话记录主要并不是为了提供心理学理论上的证据。

另外,或许有些读者会以为这种书名的书,书中可以引导读者与小孩进行有趣的对话。当然,如果家长或老师能够从我的方法中得到帮助，借以发展他们与小孩间的对话，我自然非常高兴，但是太过强调技巧却会把整个过程导向错误的方向。

我的第一个目的是想让成人对令人着迷的问题产生兴趣，也能帮助他们与小孩共同思考，这些问题不应该被认为是专业哲学家的独占领域。第二个目的则想尽可能生动地描绘出我和小孩相处时与我的读者平时与小孩相处时的不同之处。与小孩的这种相处是丝毫不强求的——不强求实验者接受任何事物，不强求初学者接受教师的意见，也不强求他们接受任何爱或关怀。我并不是要否定成人提供经验给小孩的价值，也不是要贬低教导他们、照顾他们的价值。然而这些事务的重要性与实行它们时会遇到的困难，已有其他人详细说明或强调过了。

真正不曾被重视的（或说甚至不曾被想到过的），却是在相互尊重的基础上与小孩相处时，一起处理纯真而意义深远的哲学问题的可能性。我希望本书的内容能让读者想象一下，小孩也能帮助我们大人探究、反思一些有趣而重要的问题，同时小孩所能达到的成就，可能与我们大人曾经达成的一样有价值。

一 快乐

Happiness

"格蒂姑妈的花又快乐起来了。"弗雷迪说。

"花不会快乐,"艾丽斯捧着一碗玉米粥,皱着眉头说,"格蒂姑妈喜欢把花当作人一样,对着它们说话,可是它们根本没有感觉,它们不会口渴、伤心或快乐。"

"是这样的吗,妈妈?"弗雷迪有些失望地问。

"你最好去问格蒂姑妈,"妈妈说,"她比我们都懂花。"

1982年10月,我在苏格兰爱丁堡的圣玛丽音乐学校给一群8—11岁的孩子上课时,就用这个故事开场。那个学年我在爱丁堡大学进行一项研究计划,那项计划旨在研究儿童的思考及人类发展的模型——特别是认知的发展。当时我身边有一群和善而认真的同事——包括了心理学家、语言学家、人工智能专家和哲学家。但我们全都是成人。这项研究的重点在儿童本身,及我们应该如何理解童年,然而却没有任何儿童直接参与研究过程。因为我最小的孩子都已经15

岁了，我完全没有办法跟真正的儿童有任何接触。

为了弥补这项缺憾，我拜访了圣玛丽音乐学校的校长阿利森（J. P. S. Allison）。这所学校很小、很好，专门招收有音乐天赋的小学生及初中生。我要求在可能的情况下，每周利用一些时间给年龄最小的孩子上课，校长了解我的意图之后，准许我自行挑一节课给低年级的孩子上。自此之后，我开始拟订计划，让这群孩子帮我完成许多哲学故事。

艾丽斯关于花是否有感觉的观点有可能会引起孩子们的讨论，结果他们真的热烈讨论了起来。

孩子们认为毫无疑问花是会口渴的，但他们更想讨论的是花到底会不会快乐。

"为什么你们认为花不会快乐呢？"我问。

"因为它们没有心灵。"8岁半的丹尼尔迅速果决地回答，他是班上年纪最小的孩子。

"还有没有其他理由？"我问。

"花没有感觉。"丹尼尔补充了另一项理由。

这时10岁的达波加入了讨论。他说："我听说有一种植物，它的叶子可以合拢起来抓苍蝇。"

我便问他们有没有人知道这种植物的名称。

"捕蝇草。"有人回答。

于是我们讨论了一会儿捕蝇草。

"你一碰到它,它的叶子就会合起来。"9岁半的艾斯说。

"就像蝴蝶一样。"11岁的埃斯特说。她是班上年纪最大的孩子。

"可是,这是不是很像条件反射动作,"达波说,"你一碰它,它就合起来。"

于是我又问,含羞草一类植物的动作是不是也类似反射动作,也就是说,这类植物是不是没有任何感觉。

"嗯——,植物应该多多少少有些感觉。"埃斯特说,"只要它可以合起来,就一定有感觉。"

这时,讨论发展到植物是否能彼此沟通。

"植物也许可以彼此交谈,例如用无线电波什么的,"达波提出意见说,"或者是利用飘来飘去的尘土。"

我接着又问,确定一个东西会不会说话,跟认定这个东西会不会快乐到底有什么关系。很显然,在孩子们看来,语言无疑肯定是可以表达心情的,但他们仍旧觉得也许还有其他的方式可以用来表达喜怒哀乐。

"植物可以利用开花表示它很快乐。"达波说。孩子们于是开始讨论用来表示心情或感觉的手势与神情。

艾斯对于花朵低垂时就一定不快乐的说法有疑惑,她说:"你弯着腰并不一定表示不开心,心情不好时,也可能站得直挺挺的。"

"植物有脑吗？"丹尼尔问。

我说这个问题问得很好，接着就问他：为什么弄清楚植物有没有脑，可以帮助我们确定植物会不会快乐？

"没有脑的话，你就不会快乐、悲伤，"将近10岁的马丁说，"没有脑的话，你甚至不会存在！"

马丁说的第二句话，很快让我想到许多关于生命与死亡的问题（例如，有些鉴定认为脑失去了功用，人就算是死亡了；另有标准认为，人在胚胎时期虽然脑还没有起作用，但已算是人了）。可惜在我正想就此继续追问的时候，讨论已经继续下去了。

"我真的不认为植物会对自己说'我很快乐''我很难过'。"达波说，"它们像是机器，所以可能会生机勃勃，会萎靡打蔫，会需要更多动力。"

"花有没有眼睛？"丹尼尔问。

"没有。"一些孩子回答。

"不过在花心里面，有些像眼睛的东西。"丹尼尔坚决地说。他似乎是把雄蕊与雌蕊当成长在花梗上的眼睛了。

达波突然想到了植物需要看清其周围的想法。他说："荨麻可以感觉到它的危险，然后用有毒的毛刺保护自己。"

我们关于花朵是否会感到快乐的讨论很快就结束了。因为只有仅仅半小时的时间来讨论,所以当然没有解决问题,但是在讨论过程中我们已经提及了许多令人印象深刻且多样化的观点。

我答应他们在下一周把故事讲完并给出结论,也答应尽量把他们今天所说的都放进故事里。(他们知道我在课堂上录下了讨论过程。)于是我请大家帮忙,一起安排这些不同的意见,看哪些由艾丽斯说,哪些由格蒂姑妈说会比较好。他们的确提出了很合理的建议。

回家之后,我根据录音誊写下讨论过程,并将之安插到我的开场故事中。实际上,融入孩子的意见把故事继续下去并不困难,困难的是该如何结束这个故事,因为我们在课堂讨论中并没有得出任何明确的结论。

因此,我决定自己编写结论。我采用了亚里士多德《尼各马可伦理学》(*Nicomachean Ethics*)中对快乐(eudaimonia,通常翻译为"幸福""快乐",但当代许多亚里士多德的追随者更愿意翻译为"人性繁荣")的讨论,并将之运用在植物上。对于我的改编,我认为亚里士多德会不高兴,有些学者甚至会反对我的做法。①但无论如何,我还是这样做了。以下是我利用亚里士多德学派或"假托亚里士多德学说"学者的说法完成的结论。

弗雷迪决定与格蒂姑妈面对面地讨论一下花的问题。他问:"格蒂姑妈,我们怎么能知道菊花快不快乐呢?"

"你今天没见到它们吗?"格蒂姑妈说,"它们的脸抬得好高,还对着我们笑呢!"

"噢!你只是把它们当作人而已,"艾丽斯酸溜溜地说,"你要知道它们根本没有感觉,它们感觉不到快乐。"

格蒂姑妈坐直身子说:"艾丽斯,你觉得快乐是种感觉吗?像一种遍布全身,暖暖的、温温柔柔的,让人有点痒痒的感觉吗?"

"那我就不知道了。"艾丽斯小心地说。

"如果你认为快乐就像是在冷天里喝下一杯热巧克力时的感觉,那么也许花的确没有这种快乐。"格蒂姑妈接着又说,"到目前为止,我们知道植物没有那种感觉。不过有些时候你快乐,是因为你正在做自己喜欢做的事——例如你参加合唱团演唱或玩自己拿手的游戏。那时候你没有时间停下来体会那种暖暖的感觉。你的快乐只是做你正在做的事而已,那是神心里拥有的快乐。花朵可以仰着脸展现盛开的花瓣,那就是它们最拿手的事,只要它们很健康,水分充足,它们就一定会让花苞开放。那就是花儿的快乐了。"

弗雷迪思考着格蒂姑妈的话，忆起自己最快乐的一次经历就是在圣诞夜参加唱诗班的合唱，他那时候并不知道自己为什么那么喜欢圣歌，但打心眼里真的喜欢。或许那时候他就有那种暖暖的感觉，说不定你只要靠近暖炉也会快乐呢！也许对任何生物而言，快乐就是做好能做的事，像格蒂姑妈说的一样。那么对花朵来说，开花就是它们的快乐了。

接下来那个星期的讨论课，我们一起读这个完整的故事，读到"靠近暖炉也会快乐"那行时，孩子们发出了会心的笑声。(在爱丁堡，我们教室的暖炉冬天是很受欢迎的，事实上在春天和秋天也一样，即使打开暖炉并不能保证一定会令你快乐！)

我在故事中加入一些唱诗班的情节，是因为班上有些同学参加了唱诗班。班上七个孩子有五个是圣玛丽大教堂的唱诗班成员。(后来，理查德也加入我们这一班，变成八个孩子里有六个是唱诗班成员。其实只是班上所有的男生都参加了唱诗班。唱诗班通常包括男童及女童两部分，但是班上的女生艾斯与埃斯特担任的是小提琴手，没有参加合唱。)但是我并不十分知道我举的例子是否对孩子们有帮助。

我问孩子们对这个故事结尾的看法如何。

"很好。"大部分人兴奋地说。

"太棒了!"丹尼尔露出迷人的微笑说。

然而,10岁半的唐纳德(他是个很爱思考的孩子)却明显地不满意,他嘴里喃喃地说着一些话,起初我并没听清楚,于是我请他再说一遍。他说他喜欢这个故事,也觉得故事很好,但是他还是觉得有问题不知道怎么解决,那个问题一直在他脑袋里打转。他认为花可能会快乐,而格蒂姑妈的解释从某方面来看也很正确。"但是,"他十分强调地说,"它们没有心灵怎么会快乐呢?没有心灵怎么可能会快乐呢?"唐纳德并没有要求我为他解决问题,他把这个问题留给自己,他想自己处理。他的反应让我非常感动。

---

① 例如可参考亚里士多德《优底米伦理学》(*Eudemian Ethics*)1.7及《尼各马可伦理学》(*Nicomachean Ethics*)1.9。

二　欲望

Desire

我在圣玛丽小学与孩子们共同完成了一系列故事,第一章中提及的有关花是否会快乐的故事是其中的第一则。我之所以选择以植物的心灵生活为第一则故事的主题是有特殊理由的。在写这个故事的前一年,我在马萨诸塞州的波士顿教授"哲学与幼童"这门课程,授课对象是二十余名小学教师。一天,我给他们分发了一份讲义,内容节录自维薇安·裴利所著《华利的故事》中所载的两个儿童的对话。

丽莎:植物会不会希望自己生出小宝宝?

蒂安娜:我想只有人才会许愿望,不过上帝可以在植物身上放"希望"。

老师:那会是什么样的希望呢?

蒂安娜:如果它是一朵美丽的花,上帝就会放一个想法在它里面,让它长成一朵美丽的红花——如果它是红色的话。

老师:我一直以为人才有想法。

蒂安娜:是一样的啦!上帝把想法放在植物里面,

二 欲望

告诉它们该长成什么样。

> 丽莎：我妈妈希望有我，于是在我生日的时候我就生出来了。①

我要一半的学员写一份作业，说说他们会如何继续编写丽莎、蒂安娜的对话。这些成人与我相处了相当长的时间，都明白我不愿强迫孩子领我的情，接受我的想法。在这项作业的刺激下，他们开始准备，想象如何与孩子讨论"植物是否有想法或欲望"这个问题。但强烈的责任感又让他们觉得应该消除迷信，让孩子彻底打消有关神话的、拟人的、万物均有灵的诸多想法。由于他们认为对任何成熟的思考者而言，很明显地，植物真的没有欲望，也没有想法，因此他们认为应该"教会"孩子这个事实。

这些成人的作业对于"植物可能会希望有小孩"，或"植物说不定依照上帝放在它身体里的想法成长"的说法、概念一点也不怜悯、珍视。但对我而言，这两个想法十分有启发性，非常让人兴奋。在我看来，反思这些想法，能够很好地使我们澄清哪些是植物固有的本性，哪些是我们以为我们知道的植物的本性。我的兴奋与狂热无法在这些严肃、单调、无趣的成人学生中得到回响。我很失望，却没有气馁。

由于相当关注欲望这一概念，我试图说服我的学生相信，这个概念其实有很多可探究的疑问之处，对于我们了解周遭的世界而言也是十分重要的。也就是说，它是一个令我们（包括我们身边的"专家"）非常困惑的概念，没有了它我们不知道该怎么办。

我的努力彻底失败了。就上面提及的欲望与植物而言，我的成人学生看不出有什么问题或关联。他们愿意在人和植物间进行一些有趣的类比，将植物的某些"反应"看作类似人类表达欲望的行为，比如结出种子，或在干旱天气中将根扎得深些。但他们更认为（重要的是，他们认为这是十分明显的），就"欲望"的字义而言，植物没有任何欲望。甚至，这项明显的"事实"，似乎加强了他们主张让孩子（不论年纪有多小）接受它的重要性。

我十分挫折地下课回家。挫败之余我写了一段对话，在每句话前加上了班上同学的名字。在接下来的那节课里，我把它发给每个同学，并建议大家一起来"表演"。

我："嗯——，植物会不会希望有小孩？"

简："我有株植物想要有充足的阳光，另一株则想待在阴凉的角落。"

琼："那只是说法不同罢了！你的意思是说，一棵植物在阳光充足的情况下会活得很好，另一棵则是在光线较暗的情况下长得好些。"

迪亚娜:"不过有时候植物会想做些什么事的,例如我家的牵牛花,它总是沿着墙向上爬,直到屋檐上,然后又会在那上头四处蜿蜒,希望爬到更高处。它就是想爬得更高些。"

彼得:"是荷尔蒙之类的东西让它不断向上爬的。"

辛迪:"我知道有人想吃药治疗偏头痛,可是吃了药却使她食欲大增。虽然是药物使她增加食欲,但她却真的想吃。"

彼得:"她真的想吃那些食物吗?"

辛迪:"是,她也不想太胖,可是就算她刚吃饱,她还是觉得饿。"

我:"欲望相互冲突——正如想吃却又不想发胖——是不是说这些欲望就不是真的呢?"

戴维:"对植物而言,可以把想要当作它的趋性。像牵牛花一样,它趋向爬高,只要有合适的对象,它就会不断攀高。"

贝蒂:"可不可以也这样解释人呢?肚子饿的人只要身边有食物,就会想吃。"

约翰:"不过人不仅仅是这样,他们还会告诉你他们想要什么。"

莎莉:"有时候,植物不知道自己想要些什么,它们可能会用枯萎来弄清楚需要什么。"

伊莱思:"那婴儿呢?如果我的孩子在吃奶三四个小时后哭了,她就是又想吃奶了,她并不会告诉我想吃奶——只能用哭的方式。"

玛丽:"哭是告诉别人你肚子饿的方法之一。等婴儿长大了,她就会学到别的方法,不过哭的确是说的一种方式。"

琳达:"让叶子枯萎是不是告诉人它需要水的一种方法呢?当然植物是无法学会别的方法的,不过,也许让叶子枯萎是它们告诉人我想喝水的方法。"

沙里:"从进化论的观点看,这其中可能真的有些相似之处。也许在枯死前不能表示自己缺水的植物无法得到较好的照顾,因此它们比较不容易繁衍,同样,会哭的婴儿有奶吃,婴儿如果不哭得凄惨些也不容易让人喂她。"

比利珍:"我们之所以会讨论人类婴儿甚至新生儿的欲望,主要是因为我们知道婴儿会自然地长大为能说出自己欲望的成人。这种成长的过程是非常平顺而且连续的,所以似乎任意地挑选一个点,都可以找到孩子最初的欲望。"

我:"当然,人类个体的发展(个体发生学)与整个物种的演化发展(系统发生学)是具有相似之处的。整个进化史显示出足够的连续性,因之似乎我们只要任意选取一点,再沿着它往回寻找,就可以得到最初产生真正欲望的地方。猩猩有些行为与人的行为相似,是因为它们拥有欲望。狗有些行为颇像猩猩表示欲望的行为,青蛙有些行为又像狗表示欲望的行为,等等。就这么一直类推下去,从动物、微生物到植物,那你们认为结果会是怎么样呢?植物会不会希望自己生出小植物?"

迈克尔:"这个想法蛮不错的。"

道恩:"我可以写一首关于此的诗。"

我:"可是,它们是真实的吗?"

理查德:"嗯,有些是真的,有些不是。"

我:"从哪一点说是真的或是假的呢?"

理查德:"那就不太容易分辨了。"

班上的成员忠实地读出他们自己的作业,然后我们又做了简短的讨论。有些人更将对话中一些没有结论的观点往前推进一步。例如有个学生指出,植物在需要水时会使叶子枯萎的示意,不见得是合适的,因为如果没有任何生物打算用浇水的方式回应它的"讯息"的话，这种示意就没有益处。我同意他的说法。

我相信自己多多少少改变了一些学生的看法，与刚开始讨论时相较，现在他们的确对"植物有欲望吗？"这个问题产生了更大的兴趣。但我感觉到我所运用的教学法成效不大。我觉得经过这次对话"表演"，这些聪慧、有担当的老师，这些前程光明的灵魂工程师，也许还是很少有人会再去仔细思考欲望这个概念，把之视为意义深远而不可确定的观念；或者很少有人去深思在知晓某实体有无能力表达"真正的"欲望方面，我们的认识还存在着相当大的障碍。

现在我们有了两组课堂讨论——一组是在波士顿由二十位成人所做的，另外一组是在苏格兰的爱丁堡由七位小学生完成的。两组讨论之间有许多共同点。两者均提出了一个相当有难度的心理概念，一个是快乐，一个是欲望。在讨论植物是否有心理活动方面，两组的态度都比较谨慎。爱丁堡的唐纳德在我们刚开始讨论"花会不会快乐"时所说的话，可以作为这两组讨论的共同结论，他说："我们可以说他们在生理上是活的、有生命的，但心理上却不是。"

两组讨论中有一项不同点，就是成人经常要求区别什

二 欲 望

么是真实的，什么是比喻的或拟人的。因此，成人都同意可以用拟人的方式说植物希望自己有小孩，但这却不是植物真实的欲望。毋庸置疑，他们也会同意，从比喻或拟人角度来说，植物会快乐，但认为实际上植物是不会表达此类情感的。

乐于区分真实与假设，可以视为智力进步的一项标记，但在许多情形下（包括这次讨论），我担心这种表面上的进步只是一种错觉。因为缺乏对于欲望真实意义的了解，且无法恰当运用比喻的手法，成人无法说明有机体在什么条件下能够拥有真实意义的"欲望"，同样，他们也不能说明植物如何在"比喻"的情况下拥有欲望。所以他们的解释并没有多大的帮助。

小孩子却能比成人更自由地运用想象力，所以他们可以说出下面这样的话：

"如果你砰的一声撞到它们，它们不会哭，也许会有些伤痕，然后慢慢死掉。"

"在花里面，有些东西像眼睛。"

"植物也许可以彼此交谈，例如用无线电波什么的，或者用飘来飘去的尘土。"

成人可以接受艺术或文学的价值在于想象力的运用，却无法自由发挥自己的想象力，他们往往坚持一项想法，认为自己已经明确区分了哪些是事实，哪些是虚构。

想知道植物是否有欲望，是否会快乐，的确需要尽可能了解植物实际的生长历程，而非仅仅关注表面现象。假如植物会有意地说话、察看或移动，那么它有时是否可以示意自己想说或想做某些事？那么，要如何才能证明它说的是真正的语言，或它真的能看见，或它真的可以有意地行动？

无论如何，如果某个东西能够做这、做那，那么它就应该有欲望（或会快乐）。如此我们才能够有机会清楚认识欲望及快乐的面貌，同时也才能够清楚知道"拥有欲望""感到快乐"到底是怎么回事。唯有真正清楚拥有欲望、感到快乐的情境，我们才能够把握这样的事实（如果它是事实的话）：植物没有欲望，也不会快乐。所以，坚持让老师或父母应该清楚地让孩子明白植物事实上不会有欲望就真的错了。如果缺少了对可能性的自由探究，我们可能始终无法弄清"欲望"的概念，那么，对于植物是否拥有欲望的问题，我们就不能够做合理的判断，也无法正确地评估事实。我们可能只是会说这些词，却无法了解其意义。

---

① Vivian Gussin Paley, *Wally's Stories* (Cambridge, Mass.: Harvard University Press, 1981), pp.79-80. 参见维薇安·嘉辛·裴利著，蔡庆贤译：《华利的故事》，成长文教基金会1996年版，第97—98页。然与本文译笔略有不同，请读者自行参照。

三　故事

Stories

我第一次给圣玛丽小学的孩子上课时,我告诉了他们自己想和他们一起做的事。我读了一些故事,引出一些有趣的问题和他们一起讨论。第一个有趣的故事是《青蛙和蟾蜍——好伙伴》里的《恶龙与巨人》:

> 青蛙和蟾蜍同看一本书。
> 蟾蜍说:
> "这本书里的人物好勇敢哦。他们又打恶龙又打巨人的,一点也不怕。"
> 青蛙说:
> "不知道我们俩勇敢不勇敢。"
> 青蛙和蟾蜍一起站在镜子前面。
> "我们看起来是挺勇敢的嘛。"青蛙说。
> "是啊,可是我们真的勇敢吗?"蟾蜍问。①

受神话与传说中英雄行为的激发,青蛙与蟾蜍经历了一段冒险的旅行。虽然这个故事叫《恶龙与巨人》,但青蛙

三　故　事

与蟾蜍并没有杀害任何恶龙，也没有遇见任何巨人，却遇上了一些致命的天敌。他们先是遇见一条刚出洞的蛇对他们说："你们好呀，我的午餐。"就在青蛙与蟾蜍设法避免成为大蛇的盘中餐时，突然发生了山崩，差点活埋了他们。在死里逃生之后，天空又出现了老鹰的影子，青蛙与蟾蜍及时躲到岩石底下，再次捡回小命。

每次青蛙与蟾蜍化险为夷之后，总是一边发抖一边称赞自己："我们不怕！"最后他们回到蟾蜍的家，真正避开了所有危险时，蟾蜍跳上床用棉被紧紧盖住自己，青蛙则钻进衣橱关上门，他们一起躲了好一阵子。然后故事书上说他们"一起感受那勇敢的滋味"（51页）。

洛贝尔这则可爱、奇妙的故事，借着其令人好气、好笑的幽默感，刺激我们去思考勇敢到底是什么。人可不可以看出别人是否勇敢？青蛙与蟾蜍照着镜子时，青蛙说他们"看起来"挺勇敢的（虽然他没有说明勇敢到底是什么样子），蟾蜍同意地回答："是啊，可是我们真的勇敢吗？"

人是否必须面对危险才能证明他的勇敢？那么，又得面对什么样的危险呢？是不是一定得是传统意义上的危险，才是测试勇敢的标准呢？如果说那项危险是不可避免的或是不值得冒险的行为呢？人可不可能在逃跑或躲藏起来的情况下，仍会被称为有勇气呢？有时候人坚守自己的岗位，会不会只是有勇无谋的表现呢?

发抖呢?或者觉得害怕呢?它们会不会令人怀疑一个人的勇敢,甚至完全否定一个人的勇敢呢?或者事实上正好相反?对真正的勇敢而言,恐惧会不会是绝对必要的呢?

在圣玛丽小学那个班上,《恶龙与巨人》这个故事大受欢迎。我提示故事里出现了一个"什么是勇敢"的问题,大家就如何做到勇敢进行了一点讨论,接着我要求孩子们告诉我一个勇敢的人需要具备哪些条件。

他们认为一个勇敢的人必须做一些(1)危险却(2)不愚蠢的事。这时候我说做又危险又愚蠢的事情的人是"有勇无谋",但他们似乎不懂这个词语,虽然他们已经有了这个概念。

然后孩子们对勇敢的条件提出更深刻的要求,他们认为从事危险而愚蠢的事情时必须要(3)有重要的理由,而且(4)不能为了报酬而做,虽然有时候(5)在事后会得到报酬。最后,他们一致同意(6)不论害不害怕都与勇敢无关。

以上六点是孩子们在我稍稍鼓励之后提出来的,我只是补充了一两个例子去推进他们的理解,大部分的观点都是在没有特殊刺激下直接产生的。

当我问及勇敢"需要"什么条件时,我是想问成为一个勇敢的人的"必要条件"是什么。不过有时候为了更好理解，我会问某人做了某些事算不算勇敢。这时候我问的则是成为一个勇敢的人的"充分条件"。对勇敢的分析，若要令人满意，则应该同时包括勇敢的必要条件及充分条件。

但我认为孩子们提出来的这六点既非必要也不充分，因此他们并没有建立对勇敢的完整分析。对必要条件而言，我认为人就算没有实际进行任何危险的事也可能是勇敢的，例如说，某人同意进行一项前所未有的危险任务，或者某人做了某件他误以为很危险的事。这其实提出了面对嘲笑的勇气，但孩子们的分析却未加考虑。再者，当传染病流行时面对死亡产生的勇气，也不是做了什么危险的事。

同样，我认为这六点也并不是勇敢的充分条件，例如，某人在完全不知道某件事的危险性之下完成了它，那么就称不上勇敢。尽管孩子们提出来的观点既非必要也不充分，但他们对勇敢这个概念的分析，要比柏拉图著作中能找到的任何分析来得好。当然，与亚里士多德在《尼各马可伦理学》中对勇敢的复杂论证相较，他们是逊色了不少，但我相信，亚里士多德花费在这项分析上的时间绝对多过圣玛丽小学的孩子们。

我们在孩子还很小的时候就开始训诫他们要勇敢，然而，想清楚地明白勇敢这个概念却是非常困难的。我赞同成人应该帮助孩子去思考勇敢这一概念，然而即使成人预备好像孩子一般活泼地思考怎样才算勇敢，我仍旧会怀疑大多数成人是否能像孩子一样从练习中得到那么多。因此我宁可说，我们与孩子应该彼此帮助，一起思考勇敢的概念，想想看怎样才算是勇敢。

第二周上课，我带去另一则稍为困难些的故事，是从弗兰克·鲍姆（L. Frank Baum）所著的《奥兹玛公主》（*Ozma of Oz*）当中节选出来的。我读的那段故事是多萝西和她的朋友——会说话的母鸡比利娜，在磨石屋里遇见一个机器人——滴答人。机器人的背上贴了一张卡片，上面写着以下的说明：

> 要它思考：旋转左臂下的发条（一号发条）。
> 要它说话：旋转右臂下的发条（二号发条）。
> 要它走路和动作：旋转后背中间的发条（三号发条）。[②]

多萝西把这些说明读给比利娜听。

"咦！怪了，"黄母鸡喘着气，惊讶地说，"如果这个机器人真的有做这些事的一半能力，它就已经是很棒的机器了。不过我想大概只是吹牛的罢了,就像许多夸张的新奇产品。"

"我们上紧它的发条,看看到底它会怎样?"多萝西说。……

"到底该先上哪个发条呢?"多萝西一面说一面又把说明卡看了一遍。

"一号发条吧!我想。"比莉娜回答,"旋紧之后它就会思考,对不对?"

"没错。"多萝西回答之后就旋紧机器人左臂底下的发条。

"它看起来没什么不同嘛!"母鸡批评说。

"当然没什么不同,它现在只是在思考而已。"多萝西说。

"不知道它在想些什么?"

"把说话功能的发条上紧,说不定它就会告诉我们了。"小女孩说。

于是她又把二号发条上紧,机器人立刻就说话了,它全身依旧动也不动,除了嘴唇,它说:"早——安,小——女孩,早安——,母鸡太太。"

机器人说出来的话有些嘶哑、刺耳,而且叽叽嘎嘎的,只是用相同的语调喃喃说出来,一点儿也没有高低起伏的腔调。但多萝西和比利娜都听得清清楚楚。③

我读完这则故事后,大家就开始讨论了。

"没有生命的东西能讲话吗?"我问孩子们。

"能!"他们回答,还举"会说话的洋娃娃"当例子。可是渐渐地他们又不太确定了。有些人表示对这个看法持保留意见。

"那种洋娃娃并不是真的会说话,"埃斯特说,"有人先说了话,录下音来,玩的时候打开开关,它才把说话的声音放出来。"

"不论在什么情形下,洋娃娃只会说录音带上的话,"达波说,"可是滴答人说的是'早安,母鸡太太',而那儿又正好有只母鸡。"

我接着又问,没有生命的东西会不会思考。这次仍旧是达波回答,他说:"电脑可以从记忆库里寻找资料并列出来,这就有些像思考。而电脑是没有生命的。"讨论进行了一会儿后,他又说:"也许有人可以把死人的大脑取出来,放在机器里——例如滴答人。那么,这个机器就有记忆也会思考了,虽然它不可能是有生命的。"

"为什么它不可能是有生命的?"我问。

"因为,"他说,"它没有心脏输送血液,不过也许它会

三　故　事

有个加油泵输送汽油之类的东西到大脑去也说不定。"

从孩子们对这两则故事的反应，我更加确认他们知道如何思考由故事引出来的问题。于是我开始试着只说一个故事的开头，再请他们帮我完成后面的部分。不论故事一开始引起的话题是什么，他们都能迅速地抓着讨论的重点。下一周上课，他们会在我接续的故事里寻找他们自己的观点。

采用这种方式来激励对话，我至少有两个不同方面的考虑。一方面要他们知道我们所得出的结论主要取决于他们自己，且通常是多样化的而不是唯一的。事实上，我有时会自己创作故事的一种结论（例如在花是否会快乐的故事里），旨在引发其他的结论。甚至有时候我会在继续讲下一节故事时添加上一次讨论中并未提及的一些问题和看法，这可能是因为我认为已有的讨论并未达到预期效果，或者我们在讨论中漏掉了一些主要观点。但我试着完全尊重孩子的意见，依照他们讨论的原貌写出结论。同时我也尽可能将孩子实际说的话纳入故事中，因为我认为让孩子知道，他们说的话有用处而且会被记录下来是件重要的事。

另一方面的考虑则是鼓励他们接受问题，并且愿意自己去思考。我不愿意在课堂终了时他们对我说："好吧！那到底答案是什么？"——这就好像只有我才能看"书本里的答案"而他们却不行。事实上他们从来没这么问过我。他们很快就将思考问题视为自己的事情，并且尽最大可能地去认真负责地面对问题。

① Arnold Lobel, *Frog and Toad Together* (New York: Harper & Row, 1972), pp.42–43. 艾诺·洛贝尔创作的"青蛙和蟾蜍"系列故事在美国是家喻户晓的经典之作，共四册，分别是《青蛙和蟾蜍——好朋友》(1970年)、《青蛙和蟾蜍——好伙伴》(1972年)、《青蛙和蟾蜍——快乐时光》(1976年)、《青蛙和蟾蜍——快乐年年》(1978年)。参见艾诺·洛贝尔著，艾诺·洛贝尔绘，潘人木、党英台译：《信谊世界精选儿童文学：青蛙和蟾蜍》，明天出版社2009年版。

② L. Frank Baum, *Ozma of Oz* (Chicago Rand McNally, 1907), p.44. 此书中文版译为《奥兹玛公主》，是弗兰克·鲍姆创作的奥兹国历险故事的第三部作品。

③ 参见弗兰克·鲍姆所著《奥兹玛公主》。

四　奶酪

Cheese

我到爱丁堡去上课的前一年,在波士顿给成人上课时,给他们讲的第一则小故事是这样的:

玛克辛:老师,你知道吗?奶酪是草做的。
老师:你为什么这么说?
玛克辛:因为奶酪是牛奶做的,牛奶是牛产出来的,而牛是吃草的。
老师:你吃不吃奶酪?
玛克辛:吃啊!
老师:那么,你也是草做的吗?
玛克辛:不是,我是人。

这段交谈是从一位老师与8岁大的孩子的对话中节录出来的,是一位马萨诸塞州立大学教育学院的老师转述给我的。[1]我把对话缩短了些,并加上"玛克辛"这个名字,然后要求成人班上大多数的同学交一份作业,继续上面这段"我"与玛克辛的谈话。

四 奶酪

在我收到的作业里，有些严肃而充满说教意味，有些则很有趣，有些比较公式化，有些则很有想象力、很自由开放。（事实上，尽管我在第二章里曾对他们做出一些不满的评论，但总括来说，在他们班上上课还是蛮有趣的。）

大多数人在作业里都接着谈了玛克辛认为人类是独立于动物之外的这个观念。有些想让玛克辛明白我们也有动物的一些本性——也就是说我们是"动物"里的人类。另外有些则希望与玛克辛一起探讨人类与动物的最根本区别是什么——也就是找出我们所拥有而动物"没有"的特性。

不论这些成人们如何完成上述这段对话，他们几乎完全一致地认为玛克辛的论证犯了严重的错误。有些人希望向她解释错误的地方，却不知道如何进行。有一位学生表示，希望在上过我的课之后，能够明白玛克辛错误的地方并改正她。其他人则认为他们知道错误是什么，虽然实际上他们并没有成功地找出错误。

班上有些人认为，根据玛克辛的说法：如果 x 吃 y，那么除非 x 是人，否则 x 就是 y 做成的。这项公式是说，除非你是人，要不你就是由你吃的东西做的。问题是，在根据这节对话重新建构玛克辛的推论时，玛克辛绝没有说过牛是草做的，她是说"奶酪"是草做的，而她这么说的理由是奶酪是牛奶做的，牛产牛奶而且牛吃草。因此我们可以得到四个命题：

（1）牛吃草。

（2）牛产牛奶。

（3）奶酪是牛奶做的。

（4）奶酪是草做的。

为什么有人会认为最后一个命题"奶酪是草做的"是由其他命题推出来的呢？就我看来，很明显地，（1）与（2）两个命题都支持着一个中项结论（intermediate conclusion），即

（2.5）牛奶是草做的。

所以，再加上命题（3）"奶酪是牛奶做的"，借由转换原则（principle of transitivity）便产生命题

（4）奶酪是牛奶做的。

所以，牛奶是草做的，奶酪是牛奶做的，因而奶酪是草做的。

然而，这种"做成"关系是否真的可以转换呢？我自己认为是可以的。如果真是如此，那么玛克辛的论证是有效的。

现在我们再来看看第一部分的论证，即：

（1）牛吃草。

（2）牛产牛奶。

四　奶酪

（2.5）牛奶是草做的。（？）

这个论证当然有一定的问题，却并非完全是错的。加上一点想象力之后，我们似乎可以发现，它还是相当合理的。我们只需要再把牛视为制造牛奶的机器即可。于是，牛吃草之后在肚子里把草变成产品——牛奶。事实上，在进一步询问玛克辛的时候，这个孩子就显示出有这样的想法。（老师："为什么奶酪不是绿色的？"小孩："牛把青草吃进肚子后，把草变成牛奶才挤出来，牛奶是在牛肚子里做的。"这种对牛肚子里的变化的看法多么适切而合理！）

有些人坚持认为像玛克辛这种年纪（8岁）的孩子不可能了解或使用转换原则，例如若 A 是由 B 做成的，B 是由 C 做成的，则 A 是由 C 做成的。在发展心理学家中，这一点是有争议的。我问波士顿成人班的学生，是否由于玛克辛的年纪太小，才使他们难以处理这项推论。虽然有些人迟疑了一下，但他们都说不是。那么，为什么他们会认为玛克辛的推论一定有错误呢？

我想原因是这样的：成人的儿童观受发展心理学观念的影响最大，这是任何发展心理学家的特殊发现或关于儿童发展的特殊理论所望尘莫及的。例如，多大的孩子应该可以思考什么样的问题、接受什么样的观念，或者说孩子的思考会经过哪些不同的阶段，对于诸如此类的想法，成人大多没什么概念。更简单地说,这种阶段性的发展,就是能力由相对不具备发展为相对具备。于是,我们可以预料到,玛克辛正受限于她储存之概念或推理能力的不足而深感苦恼。因此,如果她说了些奇怪、特殊或不寻常的事情,而似乎又不能单纯地将之归于无知或知识错误时,那么我们可以自然地假定,她的观念是由于概念的限制或推理能力不足而导致的。

可惜的是,这种情况却导致一般人忽略或误解了这样的事实:幼童拥有真正具有想象力与创造性的思考能力。如果一个人较喜欢驳斥不合常理的"古怪"问题与令人不快的结论,那么,他一定会错失许多儿童在言谈中展现给我们的趣味。

然而,圣玛丽学校那些年纪比玛克辛大的学生,对玛克辛提出的互换关系,似乎都认为理所当然。但是由于没有发展心理学的假定,而且仅仅因为这个推论听起来很奇怪,还是由儿童的口中说出来的,他们并未真的以谦虚的态度面对这个推论。

以下是我在课堂上所说的故事开头:

"嗨,弗雷迪,今天在学校怎么样?"
妈妈在院子里问刚回家的弗雷迪。

四 奶酪

"还好啦!"弗雷迪回答,"不过你知道吗?我们科普课上从斯托诺韦转来了一个古怪的学生,名叫伊恩。上课的时候他悄悄地对我说:'奶酪是草做的!''别开玩笑了。'我说。这时候麦科尔(Mr. McColl)老师发现我们在讲话,就问我们说些什么,我们就如实告诉了他。结果老师说:'奶酪是草做的这个推论非常有趣,下个星期我们可以讨论一下。'妈妈,你想他是什么意思?"

"很简单啊!"正站在门口吃优酪乳的艾丽斯听了弗雷迪和妈妈的谈话说,"他的意思是说牛用草制造牛奶,而农人用牛奶制造奶酪。如果A是用B做的,而B是用C做的,那么A就是用C做的。奶酪是牛奶做的,牛奶是草做的,因此奶酪是草做的。"

这时候弗雷迪已经走进客厅,把书本扔在地板上。他对艾丽斯扮了个鬼脸,然后问妈妈:"艾丽斯说的对吗?"

"我还有事要忙,吃晚饭时来说好了。"妈妈回答。

圣玛丽小学那个班上的学生认为艾丽斯的推论是相当可以接受的。

"在某方面来说那是对的。"唐纳德说。

"其实我们并没有真正关注东西是由什么做的。"埃斯特说,她特别想与大家分享她所知道的关于牛如何制造牛奶的过程。"你们知道吗?"她惊讶地说,"牛有四个不同的胃呢!"

唐纳德似乎想总结所有同学的意见,他说:"这听起来是不太寻常,不过在某方面来说,草'是'奶酪。草是变成奶酪的第一阶段,而第二阶段是牛奶。"

"奶油才是第二阶段!"有人更正他的说法。

"第三阶段就是奶酪。"唐纳德接着说,"它们是相同的东西,只是在完成的过程中处于不同的阶段。"

过了一会儿,我们开始讨论"用什么东西直接做成的"(be made of)与"用什么东西间接做成的"(be made from)有什么不同。书,他们认为是用纸直接做成的,但是纸,大部分人认为不是用木头直接做成的,而是用木头间接做成的。"如果说纸是用木头做成的,"马丁提出的意见确实是整个讨论中的经典言论,"那么纸就会是硬邦邦的!你们肯定知道嘛!"(马丁那个时候恰好刚10岁)。

于是最后,爱丁堡的这些孩子推翻他们原先对玛克辛推论的赞同。他们认为牛奶是奶牛用草间接做出来的,而奶酪是农人用牛奶或奶油提炼而成的,而不认为奶酪是用牛奶直接做成的,牛奶是用草直接做成的。虽然他们并没

四　奶酪

有问我本人的意见，但我认为他们是正确的。

以下是我以孩子们的洞察力完成的故事结局：

艾丽斯那天没吃晚饭，她先吃了些点心然后和朋友去看电影。但是格蒂姑妈来了，弗雷迪认为较容易和她谈困难的事情，当然艾丽斯不同意弗雷迪的想法，她认为格蒂姑妈头脑简单而且感情丰富。

"弗雷迪，你想和我说什么？"妈妈端菜上桌时问，"是不是学校有个同学说奶酪是用绳子做的？"

"不是绳子，是草。"弗雷迪不耐烦地说，"而且他还不算我同学，他只是个转学来的古怪小鬼，喜欢讲方言。即使他好好讲话，也说的是些奇奇怪怪的事。"

"为什么会有人说奶酪是草做的？"弗雷迪的爸爸说。"除非——"他停了一下接着说，"除非他认为蓝奶酪里的蓝色花纹是一些草。"

"爸爸，不是这样的啦！"弗雷迪说，"他是说……我认为至少艾丽斯是这么想的，奶酪是人用牛奶或奶油做的，而牛奶或奶油是牛用草做的。如果有一种东西是用另一种东西做成的，而这另一种东西是用第三种东西做成的，那么原先的那种东西就是用第三种东西做的。所以说奶酪是草做的。你想这么说对不对，格蒂姑妈？"

格蒂姑妈一边想一边舀了匙豆子,然后慢慢地回答:"这是很有趣的推论,可是它的结论却令我们觉得有些不舒服。"她又想了想,然后说:"也许,我们应该先分清楚用什么直接做的和用什么间接做的有什么不同。"

"你说的是什么意思?"弗雷迪问,他这时候比刚才更糊涂了。

"嗯——,让我们举个例子,"格蒂姑妈说,"酒是用葡萄汁做出来的,而醋是用酒做出来的,但醋并不是真的直接用酒做的,更别说是直接用葡萄汁做的了。你可以说醋是这整个制作过程的最后阶段。"

"喔,我想我懂了,"弗雷迪说,"那么,纸是用木头间接做的,不是用木头直接做的,如果纸是用木头直接做的,那纸就会硬硬的,像木头房子、木头桌子一样。"

"没错!"格蒂姑妈说。

"所以说,"弗雷迪接着说,"艾丽斯说的并不对,聪明的艾丽斯这回可栽跟斗了。因为奶酪并不是用牛奶直接做的,而是用牛奶间接做出来的;而牛奶也不是用草直接做的,而是用草间接做出来的。如果牛奶是用草直接做的,那就会——就会像草一样,呃,好恶心。"

"别太过分取笑艾丽斯,"格蒂姑妈说,"她在解释你们班转学生说的话的可能意思,其实做得很好,大部分的人很少仔细思考东西'用什么直接做的'及'用什么间接做的'之间的差别。"

"可是她还是搞错了,"弗雷迪得意地说,"聪明的艾丽斯搞错了!"他好不容易逮到这个机会可以指出艾丽斯忽略的这个差异,于是急切地问:"艾丽斯到底什么时候才会从电影院回来?"

---

① 这段谈话记录在弗兰克·舍尔夫(Frank Self)的博士论文《在幼年学习中食物的应用》("The use of Food in Early Childhood Learning," University of Massachusetts, 1979, pp. 183–184)中。

五　帆船

The Ship

1982年8月,我与家人抵达爱丁堡后没多久,就知道将有两艘横桅帆船驶抵利斯(Leith)附近的港口。因为我们都喜欢帆船,于是就挑了一天搭乘公共汽车去利斯参观这两艘船。孩子们高兴地看到卷起的船帆近在眼前,船舱也是敞开的,可供仔细察看。

  导游简单地为我们说明那两艘船的历史与目前环绕英国航行的原因,在对其中一艘船进行几点说明后,我太太与孩子十分讶异、惊奇。导游说"印加城号"(Ciudad de Inca)建造于1846年,但没多久就在一次惨烈的海战中沉没,后于1981年打捞上岸,经过一番复杂的修整和建造,最终百分之八十五的木料都重新被替换过了。导游说这一切工作都很值得,至少它是目前能够航行海上的最古老的横桅帆船。

  我太太和孩子无法相信他们所听见的。长时间以来,他们非常熟悉哲学家对于身份认同的一些困惑,其中最著名的就是传说中提修斯(Theseus)的古老战船,它的木板在腐朽后被一块一块地替换成新的,最后所有的木板完全都被换过了。令人困惑的是,在什么时候(更正确地说是为什么),那艘旧船不见了。我的家人无法相信导游竟会丝毫没有困惑反而高兴地宣称:(1)超过百分之八十五的木板都是新的;(2)它是目前在海上航行中最古老的横桅帆船。

两个月之后,当我开始邀请圣玛丽小学的同学帮我写故事时,自然就想起这段插曲,并且将它做成一个故事的开头拿到班上,请大家完成。以下是我提供给他们思考的重要部分:

> 吃晚饭时,家人希望弗雷迪说一说他和安格斯在利斯港看到了些什么。弗雷迪那时候还很兴奋,他高兴地说着高高的桅杆、宽阔无边的船帆、舒适的船舱,当然还有船员睡觉的小吊床,以及可在那里买票上船的双层巴士。
>
> "那艘船好漂亮!"弗雷迪说,"船身是闪闪发亮的白色,就像电影里的船一样。事实上它还曾拍过海盗电影呢!"
>
> "你说那艘船建好多久了?"爸爸问。
>
> "导游好像说是建于1840年左右吧!"弗雷迪回答,"但没多久就在一场大海战中沉没了。它在海底待了好多好多年,差不多两年前才从海底打捞上来,是

目前能在海上航行的最古老的船。"

"真的吗?"妈妈说,"那么这艘船一定十分破旧。"

"才不呢!"弗雷迪回答,"一点也不破旧。导游说当它被捞起来的时候,大部分的甲板都腐烂了,于是就重新更换木料,一片一片地换,然后又发现有些横梁也坏了,于是把横梁也换了。之后,人们想到船体可能也有问题,便更换了大部分船体的木料。最后几乎整艘船都是新的,优雅、坚固,油漆一新。它是一艘很漂亮的船。"

"那它就不是目前最古老的船了,"艾丽斯冷冷地说,甚至无视人们常亲切地称之为"她","如果它的甲板、船身几乎全部换新,那么它就是新船而不是旧船,它只是依老船的样子重建的新船。"

弗雷迪傻眼了,他一直想象着这艘名为"玛利亚"(Maria Magdalena)的船如何冲锋陷阵参加激烈海战,也曾幻想驾着这艘船的士兵多么英勇,更想象过自己在船舱中担任跑腿的小弟,随着它在远东地区航行。当弗雷迪站在那艘船的甲板上时,仿佛自己真的是在古代航行的快乐水手。

但是,弗雷迪现在却认为艾丽斯是对的。他和安格斯在利斯港参观的船,那艘导游说是全世界最古老的横桅帆船，只是原来那艘"玛利亚号"船的复制品而已。它甚至不算是真正的复制品，只是勉勉强强地……似乎可以说是原先那艘船变成的一艘新船。

可是，弗雷迪却很确定导游说过，它是目前在海上航行的最古老的帆船。

当我们读了这段故事的开头后，班上的孩子开始对其中引发的问题产生兴趣。但是在我们进行深入讨论之前，我想先确定他们是否真的了解了问题之所在。

"问题在哪里？"我问。

"问题出在……我们想知道到底哪一个是哪一个。"唐纳德说，"到底那艘船是旧船，还是只是原来那艘船的模型、复制品？"

达波似乎一点儿也不觉得困惑，他说："那很容易呀！"

"怎么说容易呢？"我问。

达波："只要还有一点点木板是原来那艘船上的，那它就是艘旧船。"

埃斯特："一定还留有旧木板的！"

达波："说不定旧船的精神还在，如果船上还有一部分旧材料和旧船的精神，那么它就不是真正的新船。"

我很想继续讨论达波的想法，也就是决定那艘船是不是旧船得看旧船的"精神"是不是还在。但讨论进行得太快,我无法适时提出相关的问题。实际上,在达波提出旧船的"精神"这个想法之后没多久,他就彻底地改变了态度。对于精神"持续存在"需要什么条件,他一开始较宽容,现在变得要求较严格,或者说持怀疑态度了。这时候,就再也听不到他说出"船的精神"的想法了。

但是我有意开始这个话题。一开始,我们已就几处关键的措辞进行了一些热烈的讨论(例如,"几乎所有"木板换新,到底是指换了多少木板?),并且也初步地作了一些评论,我便试着重提这个问题。

我:"假设有一些旧木板还留着没被换掉,再假设龙骨是原来船上的,除此之外,其他的东西全都换新了;桅杆是新的,桨也是新的。有多少人认为它还是原来的旧船?"

所有孩子都举手了。这时候我在黑板上快速画了一条船。

我:"假如我们把剩余的木板也换掉,假如有一天船长说这些木板都腐烂了,于是就全换成新的。如果整条船只剩旧的龙骨没被换掉,有谁会认为这条船还是原来那条船?"

这一次,大家还是全都举了手。

我:"所以龙骨是重要的东西?"

达波:"我认为船上的肋木和龙骨都是最重要的部分。"

我坚持问道:"但是只要龙骨没换过,它就还是原来的船?"

达波:"不,人根本看不到船的龙骨。"

唐纳德:"看不看得到并不要紧,不能仅仅因为人看不到就表示它不是原来的旧船。"

唐纳德的看法十分被同伴接受。我们想知道的是在哪些可以想见的条件下,它"仍是"原来的旧船,而不想知道人们如何"认出"它是不是原来那艘船。

然而达波有另外的看法,他认为使得它"仍是"旧船的条件,同时也是人们用来判定它是不是旧船的标准之一。如果没有人检查它的龙骨,那它就与旧船一点关系也没有。

艾斯:"(如果)船上还有旧的船舱!"

唐纳德:"不管在船上新建什么,只要船里面仍是原来的,它就是原来的船。"

当然,当我们说"船上还有旧船舱"时,并非真正地认为船是独立于船舱而单独存在的;我可以说一张椅子"椅背还在",而不可以说某个东西即使没有椅背还是椅子,那就应该说是一张凳子了。唐纳德的说法立刻成了讨论的焦点。如果我们认为船舱是船"上"的东西,是一种附属品,那么,实际而言,船舱一直存在,并不能说明船是否一直存在。

讨论进行到此,达波重新思考这个问题,然后开始扮演检察官的角色。他独自对抗班上同学普遍的想法或者说大家都认同的想法，而这些想法目前对达波而言似乎是脆弱不堪的。唐纳德则成为这种普遍想法的代言人。接下来的讨论异常精彩，因为两位主角都很自然地竭力寻找相仿的例子，以支持自己的立场。我经常告诫我在大学教的学生（及我自己！）要举一反三，多想想相关的类比情况。这些儿童在没有外在的鼓励之下非常出色地利用着各种类比。

达波选择城堡作例子。这一点也不令人意外，因为他就生活在爱丁堡古堡的管辖范围之内，所以这个选择非常地适切。

"他们的意思是，"达波以特别的语气强调"他们"，自信地认为他代表了其他人，可是他举出的例子却很快地令"他们"觉得不舒服，他说，"如果我们把城堡全部重建，只留下一块原来的石头——其他的全部换新——那么它仍旧是原来的旧城堡。"

虽然大部分人没能立即想出什么类似的例子来反驳他，但还是有人立刻说："不是这样的！"

唐纳德选择汽车作例子，在讨论过程中曾重复提了几次，他说："如果我有部车，换掉一扇窗户，再换掉另一扇，再换掉所有的门、轮胎，等等，只要我不换掉引擎，它就仍是原来的车。"

五　帆船

于是我们开始想，是否船上有某种东西可以像汽车的引擎一样重要，可以用来确定它仍是原来的车或船。可是没有人能想出最合适的东西来，另外有些人则认为船的龙骨可以。为了验证龙骨的重要性，我提出了一种新的思考方式。"假设，"我说，"我们同意只要龙骨不换，船就仍是原来那艘。那么，你们试着想想另一种情况，如果只把旧船的龙骨换掉，其他的都不动，那又怎么样呢？"

唐纳德："它仍旧是原来的船没有错，百分之百可以肯定。"

我："那么，龙骨有什么重要性可言呢？"

唐纳德："龙骨未必那么重要，其他部分也是一样……我可以说'我知道自己该做什么：拿掉一根桅杆，换一根新的上去'，而船仍是原来的船。龙骨未必那么重要，它只是，只是……实在很难解释……"

这时候，达波发挥着他最有效率的探究技巧。"唐纳德，你的意思是只要有一点点木头还在船上，"达波边说边用手势比了一下大小，"那就还算是原来的船，对吧？……如果除了那一小片之外其他的都是新的，那这艘船还是旧船吗？"

唐纳德："还算是，我的意思是只要换新的部分是建造到那小部分上去的，就仍旧是原来的船。"

在讨论的整个过程当中，唐纳德始终明确地强调木板换新过程中连续性很重要。只要改变是渐进的，如果是从原来那艘旧船做起，那么不论在哪一点而言总是有一艘船存在，而且都有一些原来的材料留存着。那么在回答"我们现在拥有的是哪艘船"这个问题时，最好的答案就是"原来那艘"。

我们热烈讨论的同时，英国的报纸与电视也正大幅报道全力打捞都铎时期的轮船"玛丽玫瑰号"（Mary Rose）的故事。"如果我们在'玛丽玫瑰号'这样的老船上仔细挖掘，"唐纳德抓住这点说，"然后发现这根肋木太旧了，那根肋木也烂了，但是仍有一些不必更换的，于是我们会说'这一点还可以用'，然后在它的四周更换材料重新造船……"

达波不太同意，他以轻蔑的口吻说："照你这么说，只要留下一丁点碎木片，然后在它的周围造出整条船，就算是最古老的船了？！"

唐纳德："不是这样的，必须有原来那条船，然后有人发现：'天啊！这船怎么烂成这样……'"

唐纳德努力地试着区别两种不同的情况。一种是简简单单地从一艘旧船或一座古堡拿出一小块材料，然后在它的周围造出新船或新城堡；另一种情况则是以腐朽破败的旧船、古堡为基础，循序渐进地更换、改变它们。

五　帆船

达波更想精确地知道到底原来的船得留下多少材料才可以算是原来的船，所以他问如果只有一小片碎木头留下来算不算。

唐纳德说："如果只是留下一小片碎木头的话，就又不一样了。我想你应该可以同意，这样的说法有点太离谱了。"

达波："好吧！有这么大呢？"他一面说一面用手比了比，差不多是一本较大的书的大小。

唐纳德迟疑了一下，才说："那还是有点离谱……"

过了一会儿，唐纳德似乎认为自己可以接受以下的想法：即使实际上只存留一小块原来船上的木板，就仍旧是原来的船。但他用十分坚持的语气强调，更换的过程一定必须具有连续性而且是渐渐完成的。他一边做手势，一边说："先拿下这些朽坏的换上这些新的，再换掉那些有破洞的，慢慢地，它就还是原来的船。"

达波相当不以为然。他就像正指着一块存留下来的老木板似的说道："是啊！这一块是船上最古老的部件，其他的是全新的，1982 年出厂的。"

唐纳德："它还是古老的旧船！"

达波："得了吧！只有那块木料才是！"

唐纳德："但它还是旧船！"

"最好的做法应该是拿着那块木头，然后把它扔到水里，让它在水面上漂浮……"达波接着以嘲笑的口吻说，"请看——全世界最古老的船！"

讨论的过程精彩之至，实在难以形容。整个过程进行得十分自然，交谈中突然想到的相关例子、趣言妙语及突发灵感，就像在我们面前展现的一场漂亮焰火表演。

我不难利用这次精彩讨论的内容来继续创作原来的故事，但是当我想利用唐纳德与达波的辩论设计结论时，不禁又暂时停住了。唐纳德已经开始提出一个貌似有理的标准来判定一件物体（例如船）是否仍存在，他似乎已经准备好接受根据他这一新兴标准所得出的非直观结果——例如：即使是从原来的旧船上取下一小块木头，再在木头的周围建出船，那这艘船仍旧是原来的船。

达波则十分有效率地假定一种批判、怀疑的立场，却没能像唐纳德一样想出一种判断标准。他也没有探究这一基本怀疑立场所带来的结果。在往后的几个星期中，我做了几项试验性的努力，尝试把这项探究向前推进，但我很快就认为需要有个全新的开始，才有可能取得有意义的进步。我想也许可以在未来的一年内再回到这个问题，或许再从人的身体或人本身来考虑存在持续性的问题，但事实

五 帆 船

上，我们却再没重新讨论过。

以下是我所完成的故事结尾：

"我们如何知道它还有原来那艘船的精神？"弗雷迪怀疑地问，"而且龙骨有什么特别的？我们根本看不见，它始终沉在水里。"

"嗯，"安格斯回答，"看不看得见并不重要，即使看不见它仍旧可能是原来的旧船。不过我想我可以同意，龙骨并不是真的那么重要。只是在修船时仍旧留了下来而已。所以不管怎么说，船总是在那儿。不可能只是随便从船上取下一块木板，然后在木板四周造一艘船，就说它是原来的船——就好像你不能随便从爱丁堡古堡搬一块石头，然后在它周围建造一座城堡，就说那是座古老的城堡一样。"

"我懂了，"弗雷迪兴奋地说，"如果你有艘旧船，只要其中有块木板没被换掉，其他全都换成新的了，你还是拥有一艘船，而且就是原来的那艘，只是会有些不同。"

"是不是一块木板并不重要，"安格斯同意地说，"那并不是问题。"

"那么，"弗雷迪愈来愈兴奋地接着说，"你把一块木板换了，再整修其他部分，但它仍是原来的旧船，只是有了新的木板。除非，到了最后你把所有船上的东西全都换新了。"

"等等，"安格斯说，这时候他完全转向怀疑的态度，"如果仅仅只剩下一小片木头是原来船上的——仅仅是小小的一片碎木头，其他的全是新的，刚刚更新过的，它怎么还能算是原来的旧船呢？"

"如果只剩一小片碎木头？"弗雷迪说，"那的确是有些离谱。"

"嗯，如果比碎木头大一点，但还是一小片呢？"安格斯说。

弗雷迪犹豫了一下，接着说："我想那还是有些离谱。"

"有多离谱？"安格斯说，"到什么程度才不算离谱呢？'一大片'就足够称为原来那艘船吗？"

"我不知道，"弗雷迪经过一连串辛苦的思考之后，有些精疲力竭地说，"我累了，看看电视有什么节目好了。"

六　知识

Knowledge

最近我无意间发现一所被视为非同寻常的幼儿园。有位老师对于她们班上的讨论十分有兴趣,而且非常渴望继续研究那些她录音之后再写出来的讨论记录。她在淡忘这些讨论之前即时回想并将之补充完成,这样子应该也能算是记录吧。本书从中摘录了许多讨论并予以扩充,这些讨论真的很棒。那些孩子有想象力、幽默感、创造力而且非常直率。对于带领讨论的老师而言,这些活泼、新鲜的讨论实在是一项意义深远的赠礼。

让我们一起思考以下这段发生在孩子们播完莴苣种子之后的对话:

埃迪:……我们怎么知道这是真正的莴苣种子?

老师:袋子上写的是"莴苣"。

埃迪:万一它其实是番茄种子呢?

老师:喔,你看了袋子上的图片,担心种下去的可能是和莴苣摆在一块儿的番茄,是不是?其实那张图片只是一盘沙拉,是莴苣长好之后再做成的。

六　知　识

华伦：他们也许认为这些是莴苣种子，可是也许他们并不知道到底是不是。

厄尔：也许这些种子和别的种子看起来一模一样。

老师：你们认为他们会搞错吗？

丽莎：如果这些不是莴苣种子就拿回商店去换。

蒂安娜：这种子又不是商店里的人装的。

埃迪：应该把它们拿回去还给园丁。

蒂安娜：说不定袋子上印的字搞错了，或者是装的人把种子弄混了。

埃迪：说不定他们同时装不同的种子，结果弄错了，装成别的桌子上的种子了。

华利：应该说是装成花园另一区的种子了，番茄园的。

华伦：所以，万一它们不是莴苣，就有可能是番茄。①

埃迪的问题其实涉及如何证明知识的正确性。其他的孩子很快就加入讨论，他们愉快地思考各种不同的可能，试图找出正当的理由，以使我们可以确信那些是真正的莴苣种子。他们以这样的方式对知识的确定性提出怀疑。

上过哲学课的人对这样提问题的方式不会陌生，这些问题旨在质疑我们是否真的如自己所说的那样确切知道某些事，比如是否真的知道"袋子里"的种子就是莴苣的种子。一旦疑问产生，是否有办法合理地、可靠地消解它呢？是否我们可能拥有某些可信的证据，可以让我们坚定地宣称我们知道那些东西确实是莴苣种子？或者找寻这些证据根本是徒劳无益的？毕竟，标签可能贴错了，园丁可能记错了，即使是园艺专家也有犯错误的可能。那么，我们是不是应该下结论说，没有人真正地"知道"那些东西是莴苣种子？当然我们还是可以种下它们，就像幼儿园的孩子做的一样，不过种子可能不会发芽，但是发不了芽并不能确定它们不是莴苣。即使它们发芽了，但要确定长出来的植物是否与种子相同恐怕也有困难。因此暂且不谈论这些问题，我们大部分的人可以从中知道那些种子到底"是或不是"莴苣种子，可是我们仍旧会怀疑是否有人能够知道，到底什么东西"才是"莴苣种子。

最近我家来了一位客人，她在城市长大，我们打算带她去野餐，她很喜欢。可是当我们带着竹篮打算野餐后顺便采野草莓时，她惊慌地说："我怎么知道它们能不能吃？""很简单，我们会告诉你。"可是她仍不放心地说："在没有充分的证据下，要我选择吃或不吃你们说可以吃的东西，会让我觉得怪怪的。"我问她："那你怎么相信商店

六　知识

里贴着标签的草莓是可以吃的？"她很快地回答："我吃过很多次了。"她一面说，一面笑。

你们应该猜得到，我很想和他们一起讨论种子的问题。我很想与那些孩子一起弄清楚到底能否知道以及如何知道"那些种子是莴苣种子"。然而令我失望的是，那位老师却先入为主地带领孩子走向纯粹经验上的思考而已。诚然，试图努力去证明一个再普通不过（至少表面上看来是这样）的莴苣种子袋里装的根本就不是莴苣的种子，而是别的什么，这样的思考没有什么实际意义，而且我们最关注的是，人们是否能知道（相对确信而言）这些就是莴苣种子，这只是开启了纯粹思考之门，并没有任何可见的实际意义。

即使再细心、再和善的父母和老师，为什么还是常常无法抓住儿童思考当中纯粹思索的刹那呢？为什么常常疑惑儿童居然会如此思考呢？也许是因为过于强调了儿童能力的发展，特别是认知能力的发展，我们成人自然而然地就认为孩子们的思想相当幼稚，需要不断发展才能达致成人的标准。然而，我们自以为不成熟的思想，也许恰好比我们在教育目的中预设的成人水准来得更开放、更深入。当我们利用发展过程中的假设理论去检视孩子所说的话时，不仅会忽略他们话语中重要的哲学成分，也会忽略孩子本身以及他们话语中或严肃或有趣味的观点。

于是，我决定在圣玛丽小学上课时，询问那些孩子：我们是否能够确实知道哪一些种子是莴苣种子？我上街买了一包莴苣种子（至少袋子上是这么写的），心中第一个想法是问他们，我们是否能够真的知道袋子里的种子是莴苣种子，接着我把那个想法扩充了一点，决定另外再买一袋相似却不同的种子，然后再问孩子，我们如何可能知道，或需要什么条件才能知道哪个袋子里装的是莴苣种子。

可惜的是，那家店没有透明的袋子，我无法看出哪种种子会与莴苣种子相似。于是我太太介绍了一位朋友，他建议我买胡萝卜种子，然后我把两种种子分装在透明的袋子里。

这时候，我的想法更大胆了，决定引入某物是另一物的"充分条件"的观念。那周开始上课时，我花了些时间解释这个概念，然后要求孩子提出一个充分条件证明：

（1）那个人是我爸爸。

经过一些鼓励之后他们提出下面的条件：

（2）那个人是男人，而且是我的双亲之一。

这确实是（1）成立的充分条件。然后我把那两袋种子让全班传看，再问他们觉得袋子里装的是什么东西。他们猜了许多不同的东西，最后也猜到了莴苣种子。我告诉他们其中一袋是莴苣种子，另一袋是胡萝卜种子；但让我有

兴趣的并不是他们猜不猜得到,而是他们是否能够提出一个充分条件来证明:

(3)我知道这袋(第一袋或第二袋)是莴苣种子。

为了增加这个设计的戏剧性,我要求他们想象:如果妈妈说"到院子里种一些莴苣种子",可是你不小心把莴苣种子与胡萝卜种子从袋子里全倒了出来,偏偏又忘了从哪个袋子里倒出来的是什么种子。

马丁非常实际,他说:"我各种一半,明年就可以采收一半莴苣,一半胡萝卜。"

"好,"我说,"可是现在你如何才能确定'知道'哪个是哪个?"

马丁:"如果袋子上有写呢?"

"很好,"我说,"让我们试试看。"于是我在黑板上写下一个条件复句,稍早我曾对他们说明,条件复句就是陈述条件和结果之关系的。我写的句子是:

(4)如果袋子上写着"莴苣种子",那么我知道袋子里装的是莴苣种子。

我在表示前提的条件分句底下画线,提醒他们如果整个条件分句为真,则前提是结论的允分条件。即前提为袋子上写着莴苣种子字样,结论为我知道袋子里是莴苣种子。

讨论进行至此,孩子们似乎非常乐于相信袋子上的标签是正确的;与幼儿园的孩子非常不同,在我班上没有任何一个人对(4)提出怀疑。

除此之外,他们还建议了其他的充分条件。马丁再次提出他的想法:把所有种子种下,等到春天看哪些长成莴苣。我认为马丁的做法或许能够充分证明"我知道那些曾经是莴苣种子",却不能证明"我知道那些现在是莴苣种子"。

突然达波兴奋了起来。"可以进行样本测试!"他说,"如果从两种种子各取出一颗,然后做记号区别,再把它们种在温室里,使它们长得快些,长成之后就可以知道哪一种是莴苣种子了。"

这个想法比较取巧,知道了哪一颗是莴苣种子,自然就能知道哪种种子有哪种潜能。我们可以快速培植这两种样本,再借之确定到底是哪一种种子。当我们最终知道哪一种"当然是"莴苣种子之后,自然就能完美无误地推论哪些现在是莴苣种子。

埃斯特很想知道到底莴苣种子装在哪一个塑料袋子里。于是我们暂停对于知识的充分条件的讨论,然后我要大家猜猜看。差不多一半的人都猜对了。(至少我认为!)

然后,我试着让孩子们重新关注黑板上的条件复句(4)。我说我想知道,"袋子上写着'莴苣种子'",是不是就能充分地证明"我知道袋子里装的是莴苣种子"?

马丁:"嗯——,他们有可能搞错袋子了……"

埃斯特:"好像不能证明。"

马丁:"……其实里面是向日葵的种子。"

但是如果种子是装在密封的袋子里的,就会产生一些混淆,于是我把这个条件复句述说得更清楚,即

(4*)如果密封的袋子上写着"莴苣种子",那么我知道袋子里装的是莴苣种子。

我问他们是否乐于接受修正后的条件复句。

他们一起回答:"是。"

我:"有没有人担心'密封的袋子上写着"莴苣种子"'这个前提还是不够充分?"

他们一起回答:"没——有。"

马丁:"嗯——,你还是有可能把它们全种在土里,等到夏天,才发现是种了一大堆向日葵,你会很失望。"

达波:"不过向日葵种子看起来很不同。"

马丁:"如果种子是密封在袋子里的,你就没办法知道,对不对?"

埃斯特:"但如果你是一个有经验的园丁,就可以分辨出其中的不同。"

马丁:"(假设)你种下之后,却长出水仙花或其他的东西。"

有人说:"不可能,水仙花是球茎类的。"

马丁还是满腹狐疑,但其他人并不认为他的怀疑是理所当然的,于是我暂停了讨论,说了一个故事结束那天的课程。

隔周上课时,我又回到如何充分证明知识的正确性问题上。在根据录音誊写他们的讨论过程时,我受到马丁怀疑论的撞击,因为事实上,我们无法提出确认任何知识的充分条件,以回应怀疑论的立场。

我把之前的讨论要点整理复印,并分发给每个人。

> 我们在讨论是否如果袋子上写着"莴苣种子",则我知道袋子里装的是莴苣种子。
>
> 我问是否有人担心这个条件复句的"前提"(袋子上写的是"莴苣种子"),也许不是"结论"(我知道袋子里装的是莴苣种子)的充分条件。
>
> 大家回答:没有。
>
> 马丁:嗯,你可能种下种子后,在夏天发现长出了一大堆向日葵。你会很失望!
>
> 达波:但向日葵种子看起来很不一样。
>
> 马丁:如果种子是密封在袋子里的,你就没办法

六　知识

知道，对不对？

　　埃斯特：但如果你是一个有经验的园丁，就可以分辨出其中的不同。

我对孩子们说，我们真的没有好好想过马丁所说情况的可能性。孩子们十分喜欢前一周片段的对话被印成纸张，我想他们认为这样子可以增加我们一起讨论的成就感。他们当然已经准备好重新思考关于知识的充分条件的问题了。

达波现在变得十分慎重，他小心地说："你至少'多多少少'知道点，你并不能怀疑所有的事情。"

然后我让他们回到我分发的文档上，指出马丁说过也许写着"莴苣种子"的袋子里的种子却长出向日葵，而达波的回答是："向日葵种子看起来很不一样。"接着我问："这和我们写在黑板上的句子有什么关系？"

丹尼尔读着我写在黑板上的那句话："如果袋子上写着'莴苣种子'，那么我知道袋子里装的是莴苣种子。"

艾斯："他们有可能在袋子里装番茄种子。"

这时候孩子们开始有了些怀疑，我试着让他们回到原先的计划，希望能得到确认知识的一项充分条件。

我："但如果你说：'向日葵种子看起来很不一样的……'"

丹尼尔："看起来是不一样。"

我："好，但现在得在前提里加一些东西，'如果袋子上写着"莴苣种子"，而且它们看起来不像向日葵种子……'"

达波："那还是不对，袋子里有可能是番茄种子。"

我："很好。"（然后在黑板上写下"也不像番茄种子"。）

达波："或苹果种子。"

我又在黑板上写下"或苹果种子"。

马丁："或胡萝卜种子。"

我继续补充写上"或胡萝卜种子"。

然后我试着总结说："如果有人说'看起来不像向日葵种子'，'不像胡萝卜种子'，或像埃斯特说的'如果你是个专家，就能分辨'……"

马丁："没错，但你不可能是专家。"

我："如果这些观点都是相关的，那我们就必须说'如果你是专家，那就能知道'，或类似这样的话。"

达波："如果我们找一家非常值得信赖的种子公司……"

这时候埃斯特变得谨慎地说："然而，他们还是有可能搞错。说不定一百袋中就可能弄错一袋。"

达波："埃斯特，你只是把问题越弄越困难。"

大家笑了起来。

六　知识

　　埃斯特提出一个想法，可以使外行人变成专家，她建议在袋子上印上图片，显示各类不同的种子，那我们就可以按图索骥，找到正确的种子了。

　　这时轮到达波犯难了，他说："但是并不可能把所有的种子印出来，如果你拿到的是凤梨种子呢？"

　　大家又是哄堂大笑。

　　马丁仔细推敲埃斯特的建议，然后说："我们可以用透明袋子装，那么就看得见里面种子的样子，然后再比对袋子上的图案。"

　　达波："这是个好办法，但这样太麻烦了，无论如何，只要相信把东西交给你的人就好了。"

　　达波的观点十分切中要害。哲学家一直试着将抽象的知识放在具体的社会环境中进行分析。但在"真实生活"当中，要求一个人在知道问题所在之前，就得在理论上找出令人满意的确认该知识的充分条件，或许是十分值得商榷的——也许只是太草率或太无情，但也是明显不道德的。进一步来说，当有人确切告知你"那座桥不安全""那些食物有毒"（即使消息来源值得怀疑）后，你却回复对方"你并不真的知道"，这种行为是无礼的，甚至是不道德的。

　　我必须承认，我并不因此接受达波的观点，除非是在较弱的语气下说"也许如此……",相反的,我更进一步强调:"只要你们提出可以确认结论的建议,如询问专家、查询图案,那就必须加在条件复句的前提分句里。例如:'如果我们查阅图案并找到了它,那么,我们就知道它是什么种子。'"

达波:"可是这么做是不是有点笨?如果你去买一袋莴苣种子,你没有必要为了确认它不是向日葵种子,而费神经历整个过程。"

"好,"我说,"也许这么做有些笨,但至少你应该说:'我们并不是真的知道……'"

达波:"你永远无法真的知道,但至少这是个还不错的机会。"

当我重新再看这两段讨论时,我有点讶异自己竟如此鼓励怀疑论。(通常我不是这样的,至少我认为自己不会。)我所鼓励的怀疑论植根于古老的然而常新的观念,即真正的知识是不可改变的。也就是说,如果我真的知道那些是莴苣种子,那么,不仅事实上我没有弄错,而且我也不可能弄错;反过来说,如果我有可能弄错,那我就不是真的知道。

对于知识概念的这种"强有力"定义至少可以往上追

溯至柏拉图（见柏拉图《理想国》477E）。对其较弱的定义同样也可以追溯至柏拉图，即认为知识是真信念，人能够借由充分地解释为什么他所相信的就是事实来加以检验（见柏拉图《美诺篇》98A，《泰阿泰德篇》201D）。这一较弱的定义（知识是经过检验的真信念）并不要求绝无错误，只要实际上没有错误发生且信念稳固就行了。

在哲学领域的"认识论"（或"知识论"）发展历史中，几个世纪以来哲学家一直在持续努力地以一种满意的方式陈述较弱定义之知识的必要条件和充分条件。我在与大学课堂的学生分析什么是知识时，总是努力提醒他们尽量坚持强有力的定义，也就是说，坚持认为只要有错误的可能，就不是真正的知识。但在我提醒他们采用这种定义之后，总是会向他们指出：根据知识之强有力的定义，我们所知甚少。然后，我会继续引导他们，使之有兴趣试着去陈述较弱定义之知识的必要条件和充分条件。

我想我之所以没有在圣玛丽小学这么进行，是因为出乎我的意料，班上竟然只有少数人坚持知识是不可改变的，与我的预期相差太大。当然，马丁的怀疑论确实强力依靠于两个基础：（1）"真正的知识"与达波所谓的"多多少少知道点"是有区别的；（2）倾向于假设"真正的知识"是别人不能有一点点弄错的可能（无论是什么错误！）。但是其他孩子似乎在大部分时间里,都十分赞成"多多少少知道点"的想法。在无法避免错误的情形下,人还是能多少知道一些东西。或许,在因勉强接受"多多少少知道点"而致的适度成就中,就存在着智慧。

---

① Vivian Gussin Paley, *Wally's Stories* (Cambridge, Mass.: Harvard University Press, 1981), pp.79-80. 参见维薇安·嘉辛·裴利著,蔡庆贤译:《华利的故事》,第210—211页。

七　语言

Words

有一天我到圣玛丽小学上课时,胳膊下夹着一本《格列佛游记》(*Gulliver's Travels*),背上背着一个包。在课上我念了下面这个故事:

接着我们来到了语言学校,那儿正好有三位教授在会议室里讨论如何改进本国的语言。

他们提出的第一项计划是,把多音节词缩短成单音节词,再省去动词及分词,因为所有能想象到的东西事实上全是名词而已。

另一项计划则是企图全面废除所有语言,推动这项计划不仅对健康大有好处,也能使交流更简洁。道理很简单,我们每说一个词,多多少少都会造成对肺脏的损耗,通常这会使我们的寿命缩短。于是,他们提出了一个权宜之计,"既然词汇只是事物的名称,那么大家在说话时只要带着可能需要用来表达意思的东西,那不就方便多了"……唯一有可能不便的是,如果谈话的内容太多、太杂,那么就不得不相应地带着一大袋东西出门,或者雇用一两个强壮的仆人帮忙背。我曾在街上看到两个大学问家,像沿街叫卖的小贩一样,被背上沉重的包袱压得抬不起头。他们见面之后,把背上的东西放在地上,打开袋子,然后谈上个把钟头的话,接着再把说话用的工具一一收好,然后彼此帮忙对方扛起包袱,分手道别……

这项发明还有另外一个好处,它提供了一种世界性的语言,可以让各个不同国家的人都懂,只要他们日常使用的器具、货物相同或类似就可以了。……①

在讲这段故事时,我觉得有些词汇超出了孩子们的理解范围,而且表达方式也令他们觉得陌生,于是我把它改写了一下。一旦孩子从故事中理解了"用东西来说话"的观念,我就从背包中取出二十多种东西,让全班同学传看。我的背包里装了以下这些东西:

玩具警车	圆珠笔
"危险老鼠"图片	一张纸
玩具飞机	巨大的钥匙
玩具手枪	几个玩具兵
玩具小鸡	手表
橡皮筋	几个硬币

接着我对他们说明即将进行的游戏。让自愿的人（结果只有两人自愿）想出一句可以用背包里的东西"说"出来的句子。再把那句话写在纸上，折好后交给我。然后自愿的人再一一用物品对同学"说"出那句话，其他人便猜他说的是什么。我会把其他人的猜测写在黑板上，再将之与先前当事人写好的句子相互比较。

马丁立刻提出异议，他说没有可以表示"和"的东西。我肯定这是个很棒的意见，但是游戏要先进行，这个问题稍后再讨论。

孩子们玩得兴高采烈，他们大多选择较长而且结构复杂的句子（换了我就会挑比较简单的），而且许多句子都用到手枪——某人射杀某人或者用手枪恐吓别人。在我带去的背包里，显然玩具手枪是最受欢迎的。（我也曾与成人玩这个游戏，他们也同样偏好玩具手枪。）

令人惊讶的是，那些孩子能非常成功地把句子传达给同学。最为重要的一个原因是，他们很成功地运用各种巧妙的手势，但这却不在游戏规定之内。由于大家都喜欢这个游戏，所以那堂课几乎都在猜自愿者"说"的句子，等到开始讨论时，大部分人都不得不为了赶公交车或其他事情先离开。

讨论从马丁的问题开始：没有一样东西的名字叫作

"和",所以没有办法表示或说出"和"。达波提醒我们,他刚刚在句子里就用了"和"(事实上,好几个人的句子里也都用了);达波说他靠"做出某种动作,让别人能够明白那是'和'的意思"。

"所以我们说话时所用的并不只是东西而已。"我说。

"对!"他同意我的意见,"还要做些动作。"

这时候,班上只剩唐纳德、达波和我,我们三个人继续讨论了一阵子。唐纳德提出一种不需要开口说话的沟通方式。例如挑出需要用的字,再指出它们,就好比从我带去的《格列佛游记》一书中指出"和"这个字。我同意这是一种使用语言而不用说话的方法。

"不过别人可能会说你是因为脑子有问题所以不会念。"达波淘气地消解了《格列佛游记》中使用东西代替语言的理论。

我说:"那么用东西代替语言的想法怎么样呢?"

"如果你这样说……"达波同时拿起好几样东西,"没有人会懂你的意思。"

"所以最好再加上一些动作?"我问。

达波:"我认为只靠东西没有办法让对方理解。"

唐纳德:"而且还需要一大堆东西,说不定得用到几千种东西。"

讨论进行一会儿之后，达波举了一个例子。在抽象的讨论当中，使用富有想象力的例子，是帮助提升讨论技巧的重要手段。我经常鼓励成人养成举一反三的习惯，但对达波而言，举例似乎是他天生的本能。

"假设你想说，"他说，"'到冰箱拿些奶油'，你只要走到冰箱旁边，再拿出奶油就行了！"

我建议使用玩具冰箱代替，但刚开始我并没有暗示使用玩具可能导致的混淆——也就是说，玩具冰箱指涉的到底是真的冰箱（玩具冰箱只是模型），还是只是玩具冰箱本身（这个玩具冰箱是一个样本），这两个不同的指涉会产生混淆。所以我主要谈了怎样表达祈使句的问题。

"如果不做动作，你怎么说'到冰箱旁边'？"我问。

达波："没有办法！但是我可以走到冰箱旁边，打开它，再指着奶油。说不定别人就能懂。"

我说："他们为什么不会理解成'冰箱里有奶油'？"

"对喔——！"达波说完之后安静了下来。

没过多久他又说："如果像教婴儿一样把每种意思都教给我们，说不定就会不一样了。"

唐纳德："没错，如果人天生就不会说话，天生只会用东西做动作——应该说不是做动作，是把东西'秀'出来。虽然这样子做会非常麻烦，但或许是一个行得通的办法。"

七　语言

我又问:"那么,怎样表示自己是想说明一件事,还是想询问问题呢?"

唐纳德:"那就难了!"

达波:"的确很难啊。"

唐纳德:"我们当然可以拿一个问号,然后说'呃——'!"唐纳德的意思是,我们可以用卡片或塑料板做出一个问号,当我们想说的句子是问句时,就把它拿出来。

达波突然眼睛一亮,兴奋地说:"当我们想说'讨论的主题是什么'时,会发生什么事?没办法说呀!我的意思是,这句问话里没有任何实质的东西。"

达波的意见非常好。询问讨论的主题,并非询问被讨论到的某一特定事物,所以观念的展现与指向无法得到立足点。当然,如果假设"讨论的主题是什么"句中的主语"讨论的主题"是"代表"所有东西的,那无疑是错误的。无论在什么情况下,它都无法代表任何一种能被展现或指向的东西。

达波一边叹气一边说出总结,而这些话似乎代表了他与唐纳德两人的想法。他说:"(如果用这种方式说话)那么生活将会非常原始,人们没有办法问任何问题。我认为我们目前生活的方式最好,如果改变了,恐怕生活会变得很艰难。"

隔周上课时，我带了另一段改写自《格列佛游记》的故事，并且把上周讨论的大部分内容编入其中。为了更进一步激发关于这个主题的想法，我增加了以下的内容：

"你知道吗？我认为格列佛的故事只是个笑话。"菲奥纳说，"作者也许只想玩玩语言和它所代替的东西的游戏，我认为作者想让我们知道语言并不仅仅是事物的代替品而已。"

"是啊！说不定就是这样，"弗雷迪笑着说，"我怎么没想到！"

可是弗雷迪立刻严肃地问："那么到底语言是什么呢？"

刚说到弗雷迪提出的问题，丹尼尔突然大声笑了起来，然后以嘲笑的语气重复说："到底语言是什么呢？"

埃斯特："这有什么好笑的呢，丹尼尔？"

丹尼尔："真想不到有人会问'到底语言是什么'。"

一月份才转学来的理查德，他刚刚满9岁，这时加入了讨论。他说："丹尼尔，那么请告诉我们：语言是什么？"

还有几个人也提出相同的要求："如果你那么聪明，就快告诉我们。"

七 语言

"好吧,"丹尼尔停了一会儿接着说,"这实在很难说。"

这时大家一起说:"你也这么觉得了吧?"

经过别人一番催逼,丹尼尔努力地想说出语言到底是什么。终于,他说:"是形容词之类的东西。"

"那只是语言的一部分。"达波说,"你还是没说出语言到底是什么。"据我的理解,达波的意思是指形容词是语言里的一类。

这时候还有一些脱离主题的对话在进行,我也尽可能试着鼓励丹尼尔继续说下去。我问他是否可以想出些适当的方法,借以向别人解释语言是什么。

丹尼尔支吾着说:"嗯,——像一种……是一种……唉!我不知道。"

这时我很有冲动对他们进行一点说教,告诉他们目前陷入僵局的讨论,其实是典型的哲学讨论。先是有人提出一个看起来似乎非常简单的问题,如:"文字是什么?""时间是什么?""认识是怎么回事?"这些问题都非常基础,因此会有一些人认为很容易回答。然而经过一番思考之后,我们就会发现,想要适当地回答这些问题,其实并不容易,有时甚至根本无法回答。那么,人是不是无法知道语言是什么,时间是什么,或者也无法知道认识是怎么回事了?②

尽管如此，我还是忍住了冲动，只是对丹尼尔说："真的很难解释，对不对？"

理查德同意地说："是啊！的确很难。我们无法描述什么是语言。"

丹尼尔很高兴有了下台阶，他说："我就是这个意思，我们无法描述语言是什么。"

理查德想知道故事是不是结束了。我说我不知道，问他对此有什么看法。

理查德说："我们可以再讨论一些语言是什么的问题。"

"没错，"我说，"但怎么讨论下去呢？"

埃斯特这时插进来说，已经三点二十分了，还有十分钟就该下课了。

"你认为我们没有办法在十分钟内解决这个问题吗？"我问埃斯特。

"没错！"她坚定地说。

我稍稍哄了他们一下，讨论就立刻又热烈起来。

马丁："语言是天生的，人对其无能为力。"

达波："我不认为它们是天生的。"

马丁："如果我们没有语言，怎么可能进行现在的谈话呢？"

我："是没办法谈。"

七　语言

达波:"语言绝对不是天生的,如果妈妈从不对你说任何话,那你就只会一直哇哇地叫。"

马丁:"妈妈天生就会说话,不是吗?"

马丁的回答非常好,为他所坚持的"语言是天生的"观点提出了很不错的证据。但是达波也毫不承让,他立刻说:"那是因为外婆教她说话,然后外婆的妈妈也教外婆说话,如果一直这么往回追溯,第一句话应该类似'嗯—嗯—哇—哇—'。"

突然之间,大家都发出了咿咿呀呀的怪声。课堂一阵混乱,为了使讨论继续进行,我提出了一个问题:"那么,你们认为人是怎么开始使用语言的?"

达波:"他们不想用手来指,需要用一些东西来表示。"这个思路是不是又回到了《格列佛游记》里提到的看法——语言只是事物的名称?或许吧。

"语言是如何产生的?"这个问题突然攫住了理查德的想象力。他默默地想着:"是呀!人类是怎么开始使用语言的?不可能只是单单发明出语言来,人类不可能说'我们刚刚完成一项伟大的发明——语言'。"

我想问他为什么不能。是因为他们没有语言可以用?还是因为语言并不是可以被发明的东西?或是因为人无法有"发明"语言的观念?要知道如果人事先没有语言的观念，他是不可能发明出语言来的。

尽管我很想展开理查德的观点，可惜那时候课堂实在是一片混乱，我所能做的只是让教室恢复一点秩序。不仅如此，那时的嘈杂与混乱也使我事后无法根据录音整理和誊写那部分的谈话。

等到稍为安静下来之后，理查德说："语言是从哼哼唧唧的声音开始，然后……然后……我就不知道了，也许突然间……"

我认为理查德的想法是，如果没有语言存在，一个人就无法想出只言片语，所以就无法发明它们，因此语言只好是天生的。

马丁的想法与他有些类似，他用一种几乎是教训的语气说："你一生下来就会语言，这是很明显的，除非你不使用它。"

接下来还有一段热烈的讨论，是关于狗或其他动物是否会使用语言的。这个问题与先前讨论的关联似乎是：如果语言对人类而言是天生的，那么，对其他生物而言，也有可能是天生的。

马丁："动物有它们自己的语言。"

达波："你怎么知道？"

埃斯特："狗为什么会吠叫？难道只是为了好玩吗？"

达波:"但是它们又不是在说话,比如'这个,那个'之类的。"

埃斯特(与另外几个孩子):"它们是在说话。"

达波:"狗叫的声音都一样,那些不是所谓的语言。"

马丁:"说不定狗认为我们用的也不是语言,不是它们认为的语言。"

此时我想到维特根斯坦说过的话:"如果一头狮子会说话,我们也不懂它说的是什么。"③维特根斯坦的意思大概是说,我们的语言是非常根本地与生活方式结合的,因此除非能相当深入地参与创造这些东西(文字、语言)的生物的生活形态,否则我们无法通过由文字构成的语言来认识事物。但是,如果生活形态在根本上完全不同,那么,自然也就不存在了解生物语言的基础。重要的是,维特根斯坦在这个论点上选择狮子作例子,而不是狗。当然,在许多重要的关系上,我们已经把狗融入了我们的生活之中,所以我们会认为,我们对狗的生活的了解要比对狮子或蝙蝠来得清楚。④

谈到狗的吠叫声时,达波说:"语言应该可以表示许多不同的意思,例如'我饿了''我累了',可是狗叫声却没有不同的音调或语气之类的东西。"

"我有三只狗,它们是这么叫的——"埃斯特模仿了一些不同的狗叫声，而且蛮有说服力地接着说，"那就是它们的语言，只是我们不懂是什么而已，我们根本无法知道。"

达波最后又说："我想说的是，它们真的会说话，但说的不是语言。"

讨论到此已经三点三十分了，《格列佛游记》里一段有趣的思考实验，刺激我们仔细探讨了一些十分有意思的关于语言和文字的想法。一位同事后来对我说，我与孩子们甚至已经隐约地概述了大部分的语言理论发展史。

---

① Jonathan Swift, *Gulliver's Travels*, Pt., Ⅲ, chap. V, in *The Works of Jonathan Swift*, 2nd ed.（London：Bickers, 1883）, pp.223–225. 参见乔纳森·斯威夫特著《格列佛游记》卷三第五章，有数个中文版本可选。

② Ludwig Wittgenstein, *The Blue and Brown Books*（Oxford：Blackwell, 1969）pp.26–27. 参见维特根斯坦所著《蓝皮书和棕皮书》。

③ Ludwig Wittgenstein, *Philosophical Investigations*（Oxford：Blackwell, 1967）, Pt.Ⅱ, sec. xi, p. 223. 可参见维特根斯坦著，李步楼译：《哲学研究》，商务印书馆2000年版；维特根斯坦著，陈嘉映译：《哲学研究》，上海人民出版社2005年版。

④ Thomas Nagel, "What Is It Like to Be a Bat？" *Philosophical Review* 83（1974）, pp.435–450. 美国哲学家托马斯·内格尔在1974年发表了经典论文《成为一只蝙蝠可能是什么样子？》，论证物理信息无法让我们知道成为一只蝙蝠的感觉是什么，也借此推知，我们无法知道他人对于颜色、声音、气味、疼痛等的感觉是什么样子。

八 时光旅行

Time Travel

有一天,马丁提议让大家听一些有神秘色彩的故事,他觉得效果应该会不错。我答应会试试看,后来我突然想到,"时光旅行"的想法应是将人引入"神秘"之境的好方式。我确信班上所有的孩子都听过、读过,或在电视上看过有关时光旅行的故事,因此,也许这个提法对他们来说,应该是耳熟能详的。然而"时光旅行"这个想法在哲学上却是十分令人费解的。

我认为,目前大多数的专业哲学家都认定时光旅行的想法在逻辑上是条理不清的。如果他们的看法正确的话,那么,询问有人是否曾做过时光旅行,探寻回到过去或进到未来到底有多困难,这些问题都是没有意义的;因为这些行为在逻辑上是不可能发生的。

有少许哲学家甚至曾费事地整理论据,证明时光旅行是不合逻辑的。然而这些成果仅支持了大多数哲学家的假定,但并没有出现在哲学上有力辩护时光旅行是合乎逻辑的有力观点,所以这些批评与反对的声音并没有引起世人多大的注意。这种情况使科幻小说作家尽其所能地对时光旅行这一想法概念上与逻辑上的困难予以掩饰。

尽管情况如此却仍有人乐意在这方面做研究。库尔特·哥德尔（Kurt Gödel），20世纪最具争议的伟大逻辑学家，也是有史以来最杰出的逻辑学家之一，曾经提出时光旅行时所需耗费燃料的计算公式。[①]哥德尔无视时光旅行这个想法所引出来的吊诡（例如：一个人可以回到他稍早所居住的地方，发现稍早存在的他自己，"而且"对另一个自己做一些自己记忆中不曾发生过的事）[②]，仍然主张我们不能排除时光旅行在逻辑上的可能性。如果20世纪最伟大的逻辑学家都不觉得这个想法荒谬可笑，那么必定存在有些理由值得我们认真看待这个想法。

经过一番前前后后的仔细思考，并且为了满足圣玛丽小学孩子们听神秘故事的要求，我写了一篇取名《白色大门》的故事，开头是这样子的：

> 弗雷迪和安格斯沿着黑暗的走廊走着。"砰"的一声，他们刚刚经过的门突然用力地关上了，接着就听到钥匙锁门的声音。
>
> "弗雷迪！我想我们被锁住了。"安格斯有些担心地说。
>
> "另外一边应该还有出口。"弗雷迪不太肯定地回答。

走道的光线非常暗,几乎看不见光亮。他们两人往前走着,心里愈来愈害怕,突然发现一扇巨大的白色铁门,上面安着铜制大门把手,还有一个很大的密码锁。铁门正中央写着几个红色大字——"非常危险,请勿靠近",底下还有一行小的黑体字,写着"MOD 时间计划"。

"你猜门后头有什么?"弗雷迪小声地问。

"我不知道!"安格斯很慢地说,"我想'MOD'应该是国防部(Ministry of Defense),但是,时间计划会有什么危险呢?"

"这也难倒我了。"弗雷迪说,"咱们赶快走吧!"

两个男孩快步经过白色大门,径直向走道的另一端走去,这时恰好有个穿蓝色制服的男人走过来,他手上拿着一大串钥匙。很显然,他正在替整栋大楼的房间上锁。"喂!你们在这儿干什么?"他不耐烦地问。

"我们在找我姐姐——菲奥纳。"安格斯说,"她在科学实验室做实验。"

"你们走错了,"男人说,"科学实验室是隔壁那一栋楼,这儿是应用物理实验室。"

"谢谢!"安格斯如释重负地说,心里想着总算可以离开这个鬼地方了。

八　时光旅行

当他们走过警卫身边时，弗雷迪停了下来，鼓起勇气问警卫："先生，上头写着'非常危险'的白色大门后的那个房间，里面到底有些什么？"

"哦，那个房间呀，"警卫一边回答，一边邪恶地笑着，"你们绝对不会想要进去的，如果进去了，你们的爸爸妈妈就再也看不到你们了。"

弗雷迪不死心地追问："为什么呢？"

警卫突然严肃起来，他弯下腰，故意压低嗓子。"孩子，里面有部实验中的时光机器，"他仔细地解释，"如果你被关在机器里，而且正确设定了数字，你就不会再存在于1982年了，可能会在1882年、1915年或……谁知道会在哪个年代。"

"哇！"弗雷迪说，"真的吗？"

"你们最好快点到科学实验室去，"警卫说，"你们应该不会喜欢管时光机器之类的闲事，对不对？"

"谢谢！"弗雷迪说完，与安格斯朝大楼的门口走去。

安格斯和弗雷迪在科学实验室遇见艾丽斯和菲奥纳之后，兴奋地对她们说刚刚的发现。艾丽斯——她在我班上已经是个人尽皆知的故事主角了——却对时光旅行的提法相当不屑。

她笑着说："时光机器！老天，你们竟然会相信那个人的鬼话。"弗雷迪不太高兴地说:"呵!是啊,你这个万事通,如果你被锁在时光机器里,然后被送到……1782年,那才好笑呢!"

"根本不可能,"艾丽斯冷静地说,"只要你仔细想想就会发现,这种事不会发生。如果我回到1782年,那么在1782年的时候就会有个18岁的女孩,她出生在……1764年,可是这个女孩恰好是我,我是在1964年出生的。一个人不可能在1964年出生,却已在二百年前出生过一次了。不管那扇白门后面是什么,绝对不是时光机器,看都不用看就可以知道。那个人是在开你们玩笑而已。"

弗雷迪简直气疯了,他姐姐确实不好应付,她是如此的自以为是!但是等他冷静下来,他开始思考她所说的话。她说的对吗?真的连看都不用看就知道白门后面根本没有什么时光机器吗?那么,"MOD时间计划"又是什么意思?它确实并没有说是可以做时光旅行的。如果我们知道时光旅行是不可能的,就知道不可能有时光机器,可是能确定时光旅行是不可能的吗?会不会有什么方法可以从事时光旅行,而聪明的艾丽斯却并不知道呢?

八　时光旅行

故事写到这儿，我便把它带到课堂上去，但是那天恰好是爱丁堡伯爵来访的日子，马丁和班上一些同学担任大教堂的诗班合唱，所以被派到伯爵住宿的酒店里献诗。因此我们班上剩下的几个人，都觉得自己被遗弃了，所以他们讨论的过程比我预期的要差了些。

尽管如此，我们仍是尽力地讨论，埃斯特是这次讨论的主导人物。

我："艾丽斯的推论怎么样？"

埃斯特："她根本不懂……他们应该带艾丽斯和菲奥纳到白门那里，再把她们推进去！"

埃斯特明明白白地说出她反对的观点，她说："艾丽斯总是自以为是，偏偏大多数时候她都是错的。"

难道艾丽斯这次也错了？埃斯特认为艾丽斯这次还是错了。很快地我们就发现，其实埃斯特很迷时光旅行的科幻小说，所以才会这么起劲地反对艾丽斯。面对艾丽斯自以为是的观点，埃斯特所采取的方法很简单，就是把她推到时光机器里，让艾丽斯自己去发现自己错了。

我进一步追问埃斯特与其他人关于艾丽斯推论的一些细节。我指出问题的症结是否在于"人是否能够出生两次"。（如果时光旅行是可能的，一个人就能够出生两次；但一个人不能出生两次，所以时光旅行是不可能的。）于是我问孩子们,人可不可能出生两次。尼尔、丹尼尔、艾斯说:"不能。"埃斯特却说:"能!"

埃斯特:"我们也许以前出生过一次,只是自己不知道而已,我们可能出生在维多利亚女王时代,我们也说耶稣会再来,所以耶稣也许会再出生一次,谁知道呢?"

在稍后的讨论中,我让他们假设我们有部机器可以把我们带回1940年时,丹尼尔的回答非常好。

他说:"是啊!把你带回1940年。1940年距离现在有几公里?"

说不定丹尼尔的问题正好以嘲弄的方式反驳了时光旅行这一想法。不过,前面我曾提到库尔特·哥德尔有关于此的沉思,其建立在爱因斯坦相对论基础上的想法认为,在某些想象中的世界,应该能有正确的答案解决丹尼尔的问题。(……乘坐太空船以弧度十分大的曲率做圆周运动,那么就有可能在这些世界里旅行到过去、现在或未来,就像在其他世界里从事空间距离的旅行一般。)[③]我仔细想了想相对论的观念,却不愿意把它引进我们的讨论。

那天讨论的主要焦点是埃斯特提出的,她认为艾丽斯的论证是错的,因为一个人出生两次并非不可能。下面是我把埃斯特的想法纳入后接着写出来的故事:

八 时光旅行

夜幕里，弗雷迪与安格斯一边并肩走回家，一边讨论着艾丽斯所说的话。

"她根本不懂，"安格斯说，"但愿我们能带艾丽斯和菲奥纳到那里去，再把她们推进那扇大大的白门！"

弗雷迪变得有些迟疑，然后有些让步地说："也许她是对的，也许她真的知道时光旅行是不可能的。如果她没错，那么她就知道不管房间里头有什么东西，都不会是时光机器。所以，即使把她推到房间里去，不论发生什么事，都不会真的使她回不到现在。"

"可是她的理由真的对吗？"安格斯坚持地问，"一个出生在1964年的人又会在二百年前出生吗？"

"对！那是她举的例子没错，"弗雷迪点点头说，"不过，等一下，真的不可能吗？那个叫作……那个'投生'又是怎么回事？"

"投胎转世！"安格斯说。

"对！就是投胎转世。"弗雷迪兴奋地接着说，"你听过一些人记得前生的故事吗？我在电视上看过。"

"我也看过。"安格斯说，"记得吗？我们还讨论过呢！故事的主角自称曾活在很久很久以前，然后在战争中去世。"

"有些人认为没有这种事，"弗雷迪说，"他们觉得这些故事是捏造的。不过，这并非不可能，对不对？如果并非不可能，那么艾丽斯所谓一个人不可能在1964年出生，而后又在二百年前出生的说法是错的。虽然我们不知道这是怎么回事，但如果这并非不可能，那进行时光旅行就很有可能！喔，天啊！我等不及告诉艾丽斯这个发现。"

"希望你能辩过她，"安格斯替他打气地说，"不过说不定艾丽斯还会想到其他理由来证明时光旅行是不可能的，所以我真正想做的还是到那扇白色大门里面一探究竟。"

"是啊！"弗雷迪同意地说，"而且那会比较好玩，不过假如我们真的回到过去……"说到这里他不禁打了个冷战，然后小声地说："那还真有些可怕呢！"

接着学校就放寒假了，当我们重新讨论这个故事和时光旅行时，已经隔了一段日子。尽管在一月的时候，我就打算把后来接续完成的故事拿来讨论，不过我还是决定先讨论"奶酪和草"，到了三月我们才再次接着讨论时光旅行的问题。参加唱诗班的孩子没听过这个故事，包括最初提出想听神秘故事的马丁和一月份才转来的理查德。这些孩子对后续的故事反应出奇地热烈，可惜的是，上课上到一

八　时光旅行

半，我的录音机电池用完了。当我回到家才发现没录到课堂里精彩万分、内容丰富的讨论时，心里十分懊恼、失望。不过我还是尽力试着写下讨论的要点；但是根据以往的经验，我对自己的记忆力非常没有信心，相对于原始的讨论而言，我记下的只是模模糊糊的概略描述而已。

讨论刚开始，达波就对时光旅行的可能性表示极大的怀疑，唐纳德则替埃斯特的想法辩护。"电话发明之前，"唐纳德说，"人们一定认为想和数千英里之外的人说话是不可能的。"他觉得进行时光旅行的可能性并不低于与数千英里外的人谈话的可能性。

这个类比非常适当，在无线电与电话发明之前，要和远方的人清晰对谈，在人们看来，不仅物质条件不具备，在逻辑上也是说不通的。毕竟，要听到听力范围之外的声音在逻辑上是不可能的，这超出了耳朵的能力范围。不过现在我可以说"超出听力范围"有两个意义——一个是"超出自然能力，或没有任何设备帮助下的听力范围"，另一个是"即使有了帮助仍旧达不到的范围"。我不太确定如此分辨这两种意义是否有什么好处；不过不管怎么说，在发明电话与无线电之前是没有人去这样区分的。目前在时光旅行上感到矛盾的地方是不是可能也会像上述情况一样，随着时间的发展根本就不成其为问题了？

唐纳德自己并没有清楚说明选择这个作比的例子是多么的恰当，尽管如此，他确实是选择了一个非常好的类似例子。他同时提出另一项观点，怀疑论者通常会自以为是地问这样的问题："这怎么可能？"但是，我们同样可以对"千里传音"提出相同的问题；进一步来说，就算在现在，还是有大多数的人无法解释为什么与远方的人谈话和视频是可能的。与无线电和电视传送一起长大的人，更是感到特别神奇。

马丁对讨论中的某些观点表示怀疑，他宣称时光旅行只有在整个世界一起进行的情况下才有可能。（理查德指出，在《超人》[Superman]这部电影中，超人就曾经倒转整个世界的时间，实际上，他是让地球"反方向转动"，先回到稍早的时间，再把时间调整回来。）

马丁在心里构思了一项论证，他假设学校外有部时光机器，能够把某人（如弗雷迪）送到1615年（马丁之所以选择这个年份，是因为学校最古老的部分建于1615年，这个数字镌刻在一扇门的石块上），那么马丁认为弗雷迪就可以看到正在建造中的学校。"好吧，"马丁问大家，"当弗雷迪做这些事时，他应该在哪里呢？"

马丁试着努力地表达他的想法，即只是某一个特定的人或某一个特定的群体能回到过去是不可能发生的，必须是整个世界一起才有可能。我不能肯定在班上的讨论中，大家已经清楚地明白"不合逻辑"到底是什么意思。在没有录音设备的帮助下，事后我试着将讨论记录下来。我列出要点如下：

（1）如果弗雷迪能够独自一人回到过去，那么一定有一段时间他是在做这件事情的。

（2）如果弗雷迪回到过去需要时间，那么当他做这件事时，对于"他现在在哪里"这个问题应该有个令人满意的答案。

（3）可是没有合适的答案可以回答这个问题。

所以

（4）弗雷迪不能独自一人回到过去。

由于上面的论证可以用在任何一个人身上，因此我们可以将之普遍化，说：

（5）没有人能够独自一人地回到过去。

非常明显地，推论（3）需要一些证据。马丁似乎认为"他在时光机器里"这个回答并不是很好的解答。"他现在在哪里？"由于这句话使我们认为他存在于当下，那么"他在1615年"也不是个好答案。马丁是这么推论的："如果他在'那儿'，那就是在1615年而不是'现在'。最后，'他哪里都不在'这个答案也不够好，"马丁继续说，"因为如果他哪里都不在,那就不可能回到过去。"

我觉得这是个十分迷人的推理过程。说不定其中有某些我不知道的东西,比如众多有关时间哲学的作品中提及的内容。对我而言,思考这个崭新而奇特的论证,如同鉴定一枚宝石的价值,充满喜悦与兴奋。

隔周上课时,我把马丁的论证纳入故事中,再和孩子们一起讨论:

菲奥纳和艾丽斯沿着路往科学大楼走去。艾丽斯的妈妈急着要她们去找弗雷迪和安格斯。

弗雷迪留了张纸条在房间里,上面写着:

亲爱的家人:

我和安格斯要到科学大楼去,我们想进入有时光机器的房间。如果我们成功地回到过去,就可能没办法回家吃晚饭了。不过请别担心,我们保证一定会回来。

爱你们的弗雷迪

弗雷迪的妈妈看到纸条时,几乎昏了过去,等她回过神来,就立刻要艾丽斯她们去找这两个男孩,然

八　时光旅行

后也报了警。

两个女孩匆忙地赶着路。在路上,艾丽斯一直不停地在思索,试着想证明不管弗雷迪和安格斯在哪儿,他们都不会回到过去。菲奥纳并不十分相信,她说:"其实你并不是真的知道这回事。"

"这很简单嘛!就是不可能。"艾丽斯说。

"你想想,"菲奥纳说,"如果在电话发明之前,有人告诉你可以和千里之外的人说话,你也会说那不可能,可是现在打电话却是家常便饭。当然,我们不知道回到过去是怎么回事,但并不表示那就不可能。和打长途电话类似,这没有什么不可能的。"

"时光旅行只可能发生在一种情况下,"艾丽斯坚定地说,"那就是整个世界一起回到过去。"

"你一定看过《超人》这部电影。"菲奥纳说。

"我不是在开玩笑,我是很认真的。"艾丽斯说,"想想看,如果科学大楼里那扇白色大铁门后面真的有部时光机器,然后假设弗雷迪和安格斯进到了里面,把时间设定在二百年前的1783年,接着机器发出噼噼啪啪、叮叮咚咚的声音,然后控制板上显示他们已经到了1783年。那么我问你,他们'现在'在哪里?"

"当然是在1783年,要不在哪儿?"菲奥纳说。

"不对,'现在'他们不可能在那时候,"艾丽斯说,"如果他们'曾经'在1783年,那是在二百年前的事,不会是'现在',现在是1983年。"

菲奥纳有点困惑地说:"说不定他们哪儿都不在!"

"如果他们哪儿都不在,就不可能在时间里旅行。"艾丽斯回答。

"嗯——,我想他们是在那个白色铁门后面。"菲奥纳第三次找出答案想回答艾丽斯的问题。

"如果是这样,那他们就还是在1983年,并没有回到过去。"艾丽斯得意地说,"你看,我们找不到一个好的答案可以回答这个问题嘛!所以这整件事完全不可能,除非整个世界一起回到过去。如果是这样的话,那妈妈就没有什么好担心的了,因为不管怎样,我们都是在一起的。"

我问班上的同学,这一段续写的故事是否把上次讨论的过程全包含进去了,他们大都同意,然后我们就接着讨论故事到底该怎么结束。

"他们打开门,发现一座钟。这个怎么样?"马丁说。

"一座电子钟。"理查德说。

"最后,"马丁又说,"上面显示着'MOD 时间计划'。"

八 时光旅行

"故事应该这样结束吗？"我说。

马丁："我也不知道。"

尼尔："要不就说他们在做梦！"

艾斯："不好，因为就算在梦里，他们还是能讨论这些。"

当时我似乎没有直接回应艾斯的说法，不过她说的话令我很高兴。一项有趣、值得思考、值得评论的论证，并不一定得发生在什么时候、什么地方，在梦里、在故事里、在哲学教科书里都会很有意思。

讨论的重点接着由时光旅行是否可能转向是否有人可能从以后来到现在。孩子们认为这后一点似乎较可能做到。

达波："我们可能听过这样的故事：从前有些飞船或什么机器突然出现，里面走出来一些奇奇怪怪的人。然后这些事就一代传一代——'很久以前，1783年，有艘太空船降落，然后……'不过那不会发生在现在，是发生在以前。"

唐纳德接着说了一个时光旅行的故事。

达波："如果可以回到过去，那就会成为历史的一部分。如果没在历史上出现，那就是没人看见过你，你是隐形人！"

讨论到这儿，我们似乎找到了两种解释可以使时光旅行更为合理和可能（从所回到时代的当时人的观点来看）。第一种解释是，时光旅行可以澄清一些从前发生过的神秘事件,证明那是现在的人回到过去所做的一些事;另外一种解释则是,回到过去的人是隐形的,以前的人看不见,而且回到那个时代也无法扮演任何角色、做任何事。

于是,接续上面的部分,我完成了整个故事:

> 就在这个时候,远处有两个人慢慢走近,正是弗雷迪和安格斯。
>
> "你看是谁来了,"艾丽斯大叫,"是弗雷迪和安格斯!"
>
> 艾丽斯不知道自己是应该表现出非常高兴、终于放下心来的表情,还是该板着脸孔数落他们让家人担心,或者是干脆装着满不在乎。
>
> "我们该怎么做?"艾丽斯小声地对菲奥纳说,却没对男孩们有啥表示,这时他们还离得很远,"我们应该表现得轻松或是生气,还是怎样?"
>
> "让他们知道我们很高兴他们平安无事。"菲奥纳一边说一边向他们挥手。
>
> "不过我为什么应该放心呢?"艾丽斯说,"我已经清楚地证明了时光旅行不可能,那我担心什么?"
>
> "我同意你的推论非常有趣,"菲奥纳说,"不过,我并不因为你的推理能力而相信他们没事,我更喜欢

亲眼看到他们现在平安无事。"

两个男孩这时候已经走到她们身边,不过很明显他们并不开心。

"发生什么事了?"菲奥纳兴奋地问。

"没什么!"安格斯难过地说。接着他们都没说什么话,直到快到家门口时,弗雷迪才不情愿地解释。

"'MOD 时间计划'根本不是什么时光机器,那个警卫说谎,他真混蛋。"

"那个警卫是不是混蛋我不在乎,"菲奥纳笑着说,"不过我很高兴你们平平安安地留在 1983 年里陪我们。"

"菲奥纳,"艾丽斯意犹未尽地说,"他们本来就哪儿都到不了,如果时光旅行可能发生……"

"拜托!你别说了行不行?"菲奥纳一反常态地大声吼了起来。

---

① Kurt Gödel, "A Remark about the Relationship between Relativity Theory and Idealistic Philosophy," in *Albert Einstein: Philosopher-Scientist*, Vol.2, ed. P. A. Schilpp (New York, Harper and Row, 1959), p.561 n 11 库尔特·哥德尔最杰出的贡献是不完全性定理。

② Ibid., pp.560-561.

③ Ibid., p.560.

九 伦理

Ethics

伊恩（6岁）非常烦恼，因为他父母朋友的三个小孩霸占了电视，使他不能看自己最喜欢的节目。"妈妈，"伊恩沮丧地问，"为什么三个人的自私就比一个人的自私更好呢？"

这个小故事是我从我的另一本书《哲学与幼童》里选出来的，我决定用它另写一个故事，我认为它也许可以激发孩子对伦理或道德行为准则的讨论。尽管我对英国的电视节目并不熟悉，但是我有点印象，似乎傍晚时的儿童节目《姆明一家》（*The Moomins*）对我班上的孩子而言稍为幼稚了些，于是我写了以下的故事：

弗雷迪舒服地躺在沙发里，拿着一瓶可乐和一包饼干，准备看《两傻双人秀》（*The Abbott and Costello Show*）的最后一集。他愉快、轻松的心情忽然被门外的汽车刹车声打断。车门开关的声音传了进来，接着就是一阵嬉笑声靠近他们家的大门。尽管弗雷迪专心地盯着电视屏幕,但在门铃响起后,家里拥进来一大群人,嘈杂的声音让他再也无法安心看电视了。

"弗雷迪,"妈妈在喧嚣的人声中大声地说,"王伯伯他们来了,你还记得吗?他们是从苏格兰普罗克顿(plockton)来的,已经坐了很久的车;我去泡茶,弄些点心,你让小朋友看看电视。嗯——,妹妹是莎拉,两个弟弟是道格拉斯和汤姆。哇!孩子长得真快,我几乎都快认不出来了!"

"我要看《姆明一家》。"道格拉斯说。

"好啊。"其他两个孩子异口同声地表示赞同,"看《姆明一家》。"

"你们不想看《两傻双人秀》吗?"弗雷迪尽可能礼貌地问他们。

"不——要,"他们一起回答,"我们要看《姆明一家》。"

道格拉斯似乎是他们的头头,二话不说就走到电视机旁,把电视频道换到播放《姆明一家》的另外一台。

弗雷迪很不高兴地从沙发起身,走到厨房去。

"怎么了,脸色这么难看?"弗雷迪的妈妈一面将开水冲进茶壶一面说,"我知道他们还小,但他们都是好孩子,你让让他们。何况我和他们的爸妈是好朋友。"

"可是他们要看《姆明一家》!"弗雷迪失望地说。

"对不起,"妈妈说,"我知道你受不了那个节目。不过你这么想好不好,让三个人快乐比一个人快乐不是好些吗?"

弗雷迪仔细思考了一下,慢条斯理却若有所思地问:"妈妈,为什么三个人的自私就比一个人的自私更好呢?"

在原来那则故事里,对功利主义(主张人做事应该以幸福最大化为原则)的反驳是很含蓄的;但在上文我改写的故事开头,弗雷迪的母亲虽然没有明白说出她正在给儿子灌输一种伦理规范,却坚定地表达了这样的想法。她所做的就是提醒弗雷迪注意这样的解决办法最终让三个人而不只是一个人得到了快乐。

这个例子的好处在于,不仅强化了对伦理原则普遍化的想法,也顾及了对个案的关心。因此之故,三比一的比率,促使人们将好处与坏处量化,并且将其结果置于某些普遍原理之下。然而从另一方面看,当我们被一群无礼的人侵犯,而被迫放弃个人基本的权利时,一种"是否公平"的直觉会立即觉醒,并且会反对这种把个人得失摒除在外的冷酷计量方式。亲切待客的风俗往往也在考虑之列,虽然它并没有明显的道德指标定义。

听了这个故事,达波立即摆出一副主人的姿态,他说:"他们以后还会再来拜访你的,所以应该让他们有好的印象。"这里,无法明确区分"让他们有好的印象"的这种想法到底是出于个人道德上的自律,或仅仅只是主人自利行为的一种盘算。

马丁很愤慨。"这样子实在不好。跑到别人家里,然后说——"这时候他故意用拖长的声调吟唱似的说,"我——们——要——看——《姆明一家》!"

达波从自己的众多想法当中挑出了一项他认为最有可能达致公平的办法,并努力地向大家解释清楚。随后,他又说:"虽然这么说有点恶劣,不过我们可以说因为他们有三个人,所以就一鼻孔出气。"

这个想法非常实际,三个彼此认识的人可以非常轻易地快乐玩耍,但当一个单独的人面对一群不认识的人时,他会更需要得到本就有限的娱乐资源吧。

马丁继续表达他的不满,他说:"我很讨厌当我高兴地看电视时,突然有三个野孩子跑到我家来,偏偏我妈妈又对他们说:'你们去看电视吧。'然后他们就不客气地说:'我们要看《姆明一家》!'我的意思是说,其实他们可以和弗雷迪一起看正在播的节目就好了嘛!"

达波:"他们应该尊重别人的权利。而且《姆明一家》几乎每天都播。"

现在又产生了另一个相关的考虑因素。达波似乎是假定,如果一个人相对更有机会去做这件事,那么他就应该谦让那很少有机会去做某事的人。

理查德:"《姆明一家》是连续剧吗?"

我:"是的。"

理查德:"由于《两傻双人秀》也是连续剧,那就无所谓了,改天再找时间看也是一样。"

理查德认为达波的想法对我们解决问题并没有真正的帮助,因为既然两个节目都是连续剧,那么当然双方都可以在别的时候找机会再看。

日常生活当中的伦理,如同习惯法一样,在仲裁争论、解决利益冲突时,往往视具体情况而定,某些事情也许会用"世俗准则"来解释,某些事例则会用"法律原则"进行说明。尽管没有任何人证明过这些准则、原则确实与某些条理清晰且具有连贯性的体系契合(这些体系通常能解决所有可想见的争论),但它们在实践中总是能成功地解决争议与冲突。当然,或许有人坚持认为这种解决争端的方式并不正确,除非这种方式能正确地归入某些绝对的一般原则,或者能完全合于某些普遍的为人处世之道。

有趣的是，这些孩子似乎没有人对"放之四海而皆准"的一般原则感兴趣。他们对我所提出的例子有非常强烈的感受，而且很快就从自己的生活中举出相关的经历，进行类比分析，同时更从真实或想象的例子当中引出世俗的准则。他们不仅不喜欢功利主义，更无意寻找任何类似的较高层次的原理或原则来替代功利主义。

"这种解决办法到底怎么样？"我再询问一次，试着让他们认真考虑功利主义，"就是说，如果我们让那三个小客人做他们想做的，是不是让三个人快乐比一个人快乐好些？"

马丁："这真的不公平，为了三个人就不管另一个人的话，那个人会很难过。"

所以，功利主义与公平原则是相矛盾的。（或许，除非是运用在比我所提的例子更复杂、更富想象的情况下。）但是，人如何才能清楚明白公平需要什么条件呢？

如同往常一般，达波已准备好另一项相关的想法。"应该看年纪大小，"他说，"如果那个人年纪比较大，其他人比较小，那么小的应该可以看他们想看的节目。"

理查德："不，小的应该尊敬大的。"

我："你们两个的想法刚好相反。"

理查德："如果有人和我一样大……"

达波:"如果有一个 15 岁的大孩子想看数学教学节目,你当然不会想看,除非他有这样做的特别理由,否则他应该让你看你想看的。"

我:"理查德,你认为年纪小的'总是'应该遵从年纪大的吗?"

理查德:"是的,除非是有危险的事。"

达波:"还是得看节目播出的次数和年纪的大小。如果那个节目一周只播一次,而且你比较大,你就可以看。如果你比较小而节目仍是一周一次,你也可以看。但如果两个节目都是每天播,就该让年纪小的看。除非续集里有某些特别的内容,而你要求别人改天再看他想看的节目。"

过了一会儿,达波又提出不同的想法。他说:"有客人来时的情况和平时与弟弟妹妹争抢电视控制权也有些不同。弟弟妹妹可以挑别的时间看,因为那些节目通常会重播。真的!不过如果是有客人到家里来,就该让他们先选择。特别是如果他们没有电视,更应该让他们选节目。"

尽管这时候大家已基本讨论出都能普遍同意的原则,但孩子们似乎还不愿就此停住;他们更想提出一些对准则造成压力的道德情境。所以当达波提出"我认为应当对客人和善一点"时,大多数人都同意。

但是马丁认为还有一点是很重要的,他说:"说不定有些你从未见过的客人到你家来,他们说:'你在看这个节目吗?'你回答:'对。'然后他们就走了,而且再也不到你家来了。"

我不停地解说功利主义,孩子们却不停地提出反驳。

达波:"如果那个电视节目很恶心,例如把人的心挖出来,再把它移植到别的地方,或类似这种可怕的内容,而恰好那个人不想看,那他只好到别的地方去。这不正是像在说'我不想让你待在这个房间里'吗?"

唐纳德和埃斯特这时加入了讨论,提出了斯多葛学派认命的想法。"如果我是弗雷迪,"唐纳德说,"我真的不在乎,我会想:'他们只想看这个节目,而且明天他们就走了,下一次我就可以看自己想看的节目了。'"

达波:"可是(故事里提到)那是最后一集。"

我们重新看故事,发现弗雷迪确实正准备看《两傻双人秀》的最后一集。

我:"如果真的是最后一集,会有什么差别?"

埃斯特:"还是没有差别。"

达波:"就像有个人恰好被原子弹炸到,而你想知道他逃过一命没有。"

马丁:"是啊!还是得等到那个节目结束。"

我把讨论当中许多孩子的想法纳入故事里,然后把它完成。但接下来的故事非常失败，它既没有引出任何新的观念，也没有提出问题的答案。

当我们共同读完后续故事后，仍旧试着再讨论一番，但是却没有成功。于是我让孩子们在黑板上写下看电视的原则。接下来的对话大多是前一周所提过的，于是我决定暂时不再讨论这个故事。但是，每次再上课时，理查德总会问："今天要讨论看电视那个故事吗？""不，"我总是支支吾吾地回答，"不是今天，说不定下个星期。"

终于在两个月之后，我们又回到这个故事。自从我找不到替功利主义辩护的理由后，我就决定试着找出其他绝对通用的伦理原则，看是否能比功利主义更让这些孩子满意。我认为黄金规则（the Golden Rule）可能是他们最有可能接受的原理，于是我决定扮演魔鬼的拥护者，看看这些孩子是否有人会护卫这则圣律。底下是我所写的故事：

"你昨天问妈妈的问题问得很好。"艾丽斯吃早饭时对弗雷迪说。

"什么问题？"弗雷迪问。

"你问：'为什么三个人的自私就比一个人的自私更好呢？'妈妈被你问得说不出话来了。"

"谢谢！"弗雷迪说，"那些小鬼是不是很讨厌？"

"没错!"艾丽斯同意他的看法,"不过尽可能让多数人快乐的行为很好,虽然这个原则并不正确,但除此之外,没有更好的原则可以教我们在困难的情况下该如何做。"

"黄金规则呢?"弗雷迪问。

"噢——,你是说'你想要别人怎么对你,你就该怎么对别人'是不是?"艾丽斯说。

"对。"弗雷迪回答。

"嗯——,我想想看。"艾丽斯说,"它的意思是,我们想要别人如何对待我们,就应该如何对待别人。现在想想看,那些小鬼霸占了电视,而且坚持要看那个无聊的节目。"

"对,"弗雷迪说,"他们应该想想看,如果有一群人跑进他们家,霸占电视看他们不想看的节目。我觉得好像在他们脸上揍了一拳。"

"好,"艾丽斯说,"可是你呢?根据黄金规则,如果你是他们之一,你想如何被对待,你就应该如何对待他们。但是如果你到别人家,而你最喜欢的节目是《姆明一家》,你会希望别人家的小孩让你看,对不对?既然如此,你就应该换台,让那些小鬼看他们想看的,对不对?可是,你知道,那根本是鬼扯淡。黄金规则也不怎么样嘛。"

弗雷迪不知道该说什么好,他想过,尽可能让大多数人快乐的原则是不好的规则,如果遵循这个规则,可能使许多人快乐却让某个人一辈子不快乐,那是不对的。但是,弗雷迪原本以为黄金规则是对的,也许艾丽斯的说法没错,说不定黄金规则也不比其他原则好。难道黄金规则真的也不好也不对吗?

事实上,这种对黄金规则的怀疑和驳斥,一点也没有给圣玛丽小学的孩子带来困扰。唐纳德说,就个人而言,他对黄金规则感到失望。他说他总是尽量试着依照它做事,虽然有时候"管用",却大多时候行不通。他的意思似乎是指,通常黄金规则既无法达到公平,也无法令人满意。

达波则认为:"如果每个人都用它,那它就非常有效。"在故事的结论里,我采用了他的想法。

"如果每个人都遵守,黄金规则会是条很好的原则。"安格斯说。

"但并非每个人都这样。"弗雷迪很快地回答,"事实上,很多人都不遵守。"

"我知道,"安格斯说,"最多我们只能说,尽量鼓励每个人，包括你自己，遵守黄金规则为人处世。"

"那样子是很好。"弗雷迪说，"其实这也是一种规则。你觉得这条规则怎样，艾丽斯？"

这时艾丽斯已经离开，弗雷迪很快就发现了，于是他接着说："我会问艾丽斯对你提出的规则有什么看法，我找不出她还能说你这条规则不好的理由——不过，艾丽斯真的是高深莫测，不管什么事，她总是可以找出不对的地方。"

十　未来

The Future

有一天,埃斯特要求我说一个和狗有关的故事。她说她喜欢每一种狗,但特别喜欢德国腊肠犬。第二周我就把有关狗的故事带到班上讨论。底下就是我创编的那个故事。

弗雷迪弯下腰看着地上的箱子,小心地拉开盖在小狗身上的毛毯,那是安格斯新养的一条咖啡色的小狗。当弗雷迪轻轻抚摸小狗柔软、温暖的身体时,安格斯脸上露出得意的微笑。安格斯刚开始告诉弗雷迪他养了条德国腊肠犬时,弗雷迪不确定自己是否会喜欢这种小狗。弗雷迪比较喜欢拉布拉多犬,但事实上他还真的喜欢安格斯的狗。他喜欢极了。

"我想它真的累坏了,"安格斯说,"我们刚带它回家时,它就在房子里到处乱跑,到处尿尿,最后才喝了点牛奶,然后就瘫下来睡觉。"

"那天是不是它第一次离开妈妈和兄弟姊妹?"弗雷迪问。

这时候箱子里的小狗兴奋地叫起来,声音又尖又

十 未来

响。安格斯在它身上拍了又拍,摸了又摸,总算才让它安静下来。

"是啊,那天对它来说一定非常不好过。"安格斯说,"我有时真想知道它在想什么,特别是被带到一个陌生的地方之后。说不定它正想着'明天就可以回到妈妈身边了'。"

"我不认为它会这么想。"弗雷迪说。

"为什么?"

"嗯——,"弗雷迪解释说,"我认为狗在想事情的时候只有图案,像卡通里画的一样。而我们没办法用图案表示明天,对不对?要表示明天一定得用一些字。当然并不一定得用英文,也可以用其他文字,比如法文——对了,法文怎么说,那天我们才学过的?"

"Demain。"安格斯回答。

"对,Demain,或者用其他语言也可以。不过就是没办法用图画表达。所以狗没有办法想象明天。"

"好可怕!"安格斯说,"想想看如果没有办法想象明天,那就更无法了解未来了。"

我之所以把法文的"明天"一词放到故事里,是因为我知道他们当中有好几个人正在学法文。而且他们同时也学其他语言,唱诗班的成员平常都用拉丁文演唱,偶尔用德文。理查德后来还向我抱怨,用德文发音唱巴赫的《约翰受难曲》(Saint John Passion)实在很难。

我很自然地想到这个故事里的主题——心像再现(Mental Representation)。上一年我在马萨诸塞大学任教的时候经常使用这个主题。我询问学生:人是否可以用图画来思考,如果可以,图画"字汇"表达的极限在哪里?这个问题在哲学家、心理学家和电脑工程师等一群人中引起了热烈的讨论与辩论。我发现那些辩论非常有趣且重要,而以狗为主角的故事似乎是把这个观念介绍给这些孩子的好方法。

马丁首先发言,他说:"狗不需要用法文,他们自然有办法,可以用它们自己的语言说'明天'。"

"我们怎么知道?"我问。

马丁停了停才说:"嗯——,你听狗说过几次Demain?"

大家都笑了起来。

我觉得还需要举些其他的例子。我要求大家举出一些事情,是我们昨天做过却还"记得"而且还"想"明天再做的。由于是在音乐学校,所以孩子们大多想到了乐器练习。艾斯和埃斯特都是学小提琴的,而且在那年的分龄赛当中分别赢得第一,所以我们举了拉小提琴作为例子。

我:"如果我正在想——'明天我要练习小提琴',我是怎么想的呢?"

马丁:"只要对自己说'明天我要练习小提琴'就可以了,不必大声说出来。"

理查德:"你脑中有幅你自己在练习小提琴的图画。"

"很好,马丁和理查德各举出了一种方法,现在的问题是,如果只能用图画想……"我转身在黑板上粗略地画上练习小提琴的草图,再接着说,"那么,昨天练习小提琴和明天练习小提琴两者之间有什么不同?"

马丁:"嗯——,你没有办法确切地知道明天你练习时的图画,但是,昨天的情形却还记得。"

"假定我们有种神奇的机器,可以把它放在头上,然后你就能从机器里看见我此时此刻在脑海里看到的图画。"我试着编造一种窥视"脑海图像"的情节来让故事更添趣味,"你看过之后说:'噢,他看到他自己在拉小提琴。'现在的问题是,他是回忆昨天拉小提琴呢,还是在想象明天拉小提琴呢?在你看到的图画当中有什么区别呢?"

有人回答:"图画看起来会一模一样。"

理查德:"除非你剪过头发。"

又有人笑了起来。

那时候我想也许我真的该剪头发了,——后来我剪了头发,还有几个孩子把这个提出来说事儿呢!

当然,在理查德淘气的意见背后还是有严肃观点的,而且这很快地被其他的小朋友注意到了。人物、事件、地点、物体的改变的确是说明时间改变(经过)与否的办法之一。如果我们能够假定明天是"理发之后",那么,任何把我画成"理发之后"的图画都可以表示明天。再更小心一些来说,如果我打算明天早上剪发,那么在适当的情景当中,任何画出我已理发的图案都可以表示明天或理发之后的某个时间。

我的记录显示唐纳德在这个问题上一直保持沉默。但没过多久,他却表示他一直在思考这个问题。

唐纳德:"有什么证据显示狗会思考明天?我们并不真的知道。我们不能说:'好,请仔细看看今天下午我们所讨论的,然后就会发现狗真的能思考明天。'其实并没有什么真正的证据,就我所听到过的,并没有任何证据显示狗可能会思考明天。"

我很高兴唐纳德给了我们另一个相反的思考方式。为了强调他的观点,我试着以自己的方式再说一次。"唐纳德的意思是,如果我们有证据可以显示狗真的能思考明天,那么就会好一些,因为如此一来我们就可以问:'它们是怎

十 未来

么做到的？'而如果我们没有任何证据，那么又何必伤脑筋去想狗会不会思考明天？"

我的说法似乎得到了唐纳德的赞同。

接着我问大家，有什么证据能够证明狗会思考过去。有几个孩子用不同的方式回答我，他们认为唯有狗能够记得而且会想到以前，它们才能够学会做一些事。这个说法虽然相当言之成理，但仍非常需要进一步地验证，可惜的是下课时间到了。实际上下课铃声响时，唐纳德正重复说着他的观点——我们没有证据可以证明狗能够思考明天。而马丁却调皮地说："它们说不定会说：'明天我们照常去散步。'"像往常一样，马丁一边说，眼睛里闪着机灵的亮光。

隔周上课时，我编写了接下来的故事：

> 这时安格斯的大姐菲奥纳走进房间，她高兴地问："你喜不喜欢我们的小狗？"
>
> "我很喜欢，"弗雷迪说，"它让我也想养一只——它又软又暖又好玩！"
>
> "好玩？如果你清理过它的大小便，说不定就不会觉得好玩了。"菲奥纳有些生气地说，"它到我家的第一天就满屋子撒尿。"
>
> "弗雷迪说狗不会思考明天。"安格斯说，他还在

想弗雷迪提出来的问题,"你认为呢,姐姐?"

"你是说它不会躺在那儿想着'如果明天在地毯上到处尿尿多好玩',是不是?"菲奥纳轻轻地笑着说。

"我是很认真的。"弗雷迪说,"狗思考的时候是用图画,而你无法找到表示'明天'的图画,得用平常的文字才行!"

"狗会用它们自己的方式思考,"菲奥纳说,"只不过我们不知道它们是怎么做的而已。"

"不过如果我想的是对的,"弗雷迪接着又说,"如果它们真的是用图画思考,假设我们有一种机器——像 X 光之类的机器,我们就可以把机器放在小狗头上看它在想些什么。假设我们可以通过监视器,像电视屏幕一样,看小狗在想的图画,再假设……"

"等一下,等一下!"菲奥纳说,"你说得太快了,拜托慢一点,现在再从头开始。假设小狗真的是用图画思考,然后呢?"

"假设用一种可以放在它们头上的机器,"弗雷迪这一次慢慢地清楚地解释着,"我们可以看见它们的思想。现在,如果我们从机器屏幕里看见小狗在地毯上尿尿的图画,那么,在那幅图画里,有什么不同的地方可以让我们分辨小狗到底是在回忆昨天做过的事,

十 未来

还是在想着明天将要做的事呢?"

"我猜这两种情况的图画应该一样。"菲奥纳说,"就好像在我脑海里拉小提琴的图画一样,回忆昨天拉琴或想象明天的练习,应该都会一样。"

"除非你打算把头发剪掉。"安格斯调皮地说。

"你这么说是什么意思?"菲奥纳有些不解地问。

"如果你打算剪头发,那么你就会看到短头发的你在拉小提琴。"安格斯解释。

"噢!弟弟呀,"菲奥纳笑着说,"可是弗雷迪的说法还是对的,短头发并不代表明天,现在你看看那幅图画——假设把那个机器放在我头上——你仍旧没有办法分辨我是在回忆上一次我剪过头发后的练习,还是我在想象下一次剪头发后的练习。"

"这么说我是对的啰?"弗雷迪迫不及待地又问,"如果狗用图画思考,则它们不能想象明天?"

"这的确是个有趣的问题。"菲奥纳点着头说。

"别这么说好不好!"安格斯受不了地说,"好像你是大人一样。说说看你到底认为他对不对!"

菲奥纳想了一会儿之后才说:"我想我需要有些证据证明它们确实会想象明天。如果有好的证据可以证明这件事,那么我们再来问它们是怎么想的。伤这个脑筋干什么？说不定能够想到今天对小狗来说就够了。"

他们三个人一齐凝视着熟睡中的小狗。

突然间安格斯兴奋地说："有了，虽然和明天不见得有关系，不过却有证据显示它们能够想到一点点未来。我看过小狗靠在门边，又抓又叫地希望人家让它们出去，它们一定能知道只要有人开门，它们就能够到外面去玩！"

"这个想法不错，"菲奥纳说，"不过明天——它们有什么必要去想象明天？也许它们只需要想象到一点点未来就满足了。"

读完上面这段后续的故事之后，我们又开始了讨论。

我："我在结尾的地方加了一点点内容。记不记得唐纳德说的：'有什么证据可以证明它们真的会想象明天？'"

丹尼尔："那到底是什么意思？"

我："小狗到底做了些什么，使得我们认为它们能够想象明天？"

丹尼尔："因为我们把那个东西（窥视脑海图画的机器）放在它们头上了。"

我："不过你记得吗？我们是在问在图画中回忆过去和想象未来二者之间有什么区别。"

十　未来

　　这时候有一个老师敲门进来，和几个孩子商量了一些事情。等到他们谈完之后，讨论才又开始。

　　我："我们问的是它们做了些什么事情，使得我们认为它们会思考明天。我在故事里加了一些内容，是说也许小狗并没有做出任何可以让我们相信它们会思考明天的事情。但是小狗至少做了一些事情可以让我们相信，它们可以想到未来的一点点时间。例如：它们会在门边又抓又叫，就是想到外面去玩。"

　　达波："可是，说不定它们只是想到外面去而已！"

　　达波的说法令我非常惊讶，因为我自己也正好思考着一些与这十分类似的事情，却一直犹豫该不该在适当的时机引进这个想法。后来我觉得即使不引进这个想法，整个讨论仍旧称得上完整，于是我决定暂时不提及它。没料到达波——他上一周没来上课参加讨论，一听完我们对上周讨论的简单叙述后，立刻毫不费力地提出了我原本隐而不提的想法。

　　接下来唐纳德与达波之间有一场十分精彩的对话，如同往常的讨论一样，他们各持不同的论点阐发自己的想法，整个讨论几乎可以说得上是一场辩论了。

　　唐纳德："它们很明显有一些对未来的想法。如果你养一只被教会了一些东西的狗……如果它没有办法想到一点未来……它根本不晓得该往哪儿走。"

达波:"如果它总是走固定的路,而且认识那条路,并且闻得出固定的味道,那么当它走到那儿,闻到那个味道,它就知道该怎么做了。"

他们两人间的辩论持续了一会儿,在他们讨论完几个假设的例子之后,唐纳德给我们讲了他养的狗看到他整理背包时的行为。("只要它看见我在整理背包而家里其他人没有任何动作时,它就知道我要回学校去了,或者是我又要离开家了。")

最后达波终于同意唐纳德所提的一些证据,认为那些证据确实能够证明狗能够思考未来。不过这时候他又问:"有什么东西可以证明它们是用图画在思考呢?"

我:"那只是一种意见而已。"

唐纳德:"我不认为它们是用图画思考;我认为它们知道,就像我们一样。"

马丁:"如果它们不会思考的话,会是什么样子?"

我:"有谁能举出不会思考的生物?"

几个孩子一起回答:"植物。"

达波:"可是我们已经讨论过植物了。"

这个时候讨论的方向却转向我们能不能思考未来,特别是知道未来的任何事情。但在完成这个故事时,我相对

十　未来

扩充了"我们如何思考明天"的问题,却忽略了"我们对未来能知道些什么"的问题。

"我们是如何能够想到明天的?"安格斯问。

"这很简单,"菲奥纳回答,"我们可以用'明天'这两个字。"

"可是,当我用'明天'这个词时,是什么东西使得这两个字表示明天呢?"

"这个问题很好。"弗雷迪说,"当我说'艾丽斯'的时候,这三个字表示我姐姐,是因为我脑海里有她的图画。但是,如同刚刚我们都同意的,我们找不到'明天'的图画,那么当我们使用'明天'的时候,到底是什么使得这两个字表示正确的东西呢?"

"你们的问题实在太多了,"菲奥纳说,"有没有人想喝茶的?"

"现在不想喝,谢谢!"弗雷迪说完,停了一下子。突然间他脸上露出了愉快的笑容,狡黠地说:"说不定明天想喝!"

十一 发展心理学

Developmental Psychology

刚刚满 3 岁的史蒂夫看着爸爸吃香蕉。

"你不喜欢香蕉,对不对,史蒂夫?"爸爸说。

"对,"史蒂夫回答,"如果你是我的话,你也不会喜欢。"说完之后史蒂夫想了一会儿,接着又说:"那样的话,谁会是爸爸呢?"

这段对话中值得注意的是,它透露出一个 3 岁大的孩子正确地使用了动词"是"的假设语气。就此我疑惑地对史蒂夫的爸爸说:"当他说'如果你是我的话,你也不会喜欢'时,没有人会相信 3 岁的孩子会用'如果你是我……'这种虚拟条件句的表达。"

史蒂夫的爸爸坚定地说:"那么这些人全都错了,因为史蒂夫确实这样子说了。"

除此之外,这段对话另外还透露出,一个 3 岁的孩子竟然非常有想象力地注意到另一个人的感受(sensibility)。让·皮亚杰曾告诉我们,3 岁这个年纪,甚至更大一些的孩子,应该是非常以自我为中心的。

从对话中得到的第三点讯息是,这个 3 岁孩子的推论能力还算不错,如果我们把他推论当中隐含的意义说清楚的话,应该可以得到以下的论证:

(1)不管是谁,如果他是我的话,应该喜欢我喜欢的东西,而且应该不喜欢我不喜欢的东西。

(2)我不喜欢香蕉。

(3)不管是谁,如果他是我的话,他应该也不喜欢香蕉。

所以

(4)如果爸爸是我的话,他应该也不会喜欢香蕉。

要求史蒂夫这么清晰地做推论,也许还得花上一段很长的时间,也许不必,我并不知道。但是,这项论证确实潜藏在史蒂夫的推论里。

最后值得一提的第四点是,这段对话中这个 3 岁的孩子提出了一个有关虚拟条件句(counterfactual conditionals)的逻辑趣味问题。差不多二十年前,对虚拟条件句逻辑的了解仍然相当贫乏,许多人怀疑它到底会有什么好的意义。现在我们则已经在专门称为"可能世界语义学"(possible-world semantics)基础之上建立了很不错的虚拟条件句的理论。

在众多因虚拟条件句所引起的困惑当中,最为难解的当是被称为虚拟身份互换(counterfactual identical)

所引起的相关疑惑。例如我们说:"如果爱德华·希斯（Edward Heath）是撒切尔夫人的话，他将会与阿根廷达成福克兰岛的协议。"为了讨论方便起见，假定我们认定希斯先生比撒切尔夫人更为擅长怀柔、斡旋等外交手段；那么，为什么我们会说"如果希斯先生是撒切尔夫人的话，他将会达成协议"？如果他是撒切尔夫人的话，很必然地，他也会和她一样坚毅不屈。

然而，史蒂夫真正担心的却不是这一点。他既不是担心（1）如果爸爸是史蒂夫，爸爸会不会喜欢香蕉，因为史蒂夫不喜欢；也不是担心（2）如果爸爸是史蒂夫，史蒂夫就会喜欢香蕉，因为爸爸喜欢。他只是快快乐乐地说些你我在某些情形下也会说的话，例如"如果你是我的话，你就不会喜欢吃香蕉"。真正令史蒂夫感到困惑的是角色与角色的扮演。如果史蒂夫的爸爸变成了史蒂夫，那么谁会是"爸爸"呢？也就是说，由谁扮演爸爸的角色呢？

有许多原因使我们不太容易回答史蒂夫的问题，其中之一是，想澄清虚拟身份互换的真正意义确实是件困难的事情。任何一位最近才在了解反事实论证上有所突破的哲学家，都在如何处理虚拟身份互换上有深刻的分歧。

当然，即使哲学家并未完全解决这个问题，但是仍旧有适当的答案可以回答史蒂夫的困惑。例如，或许有人试着说:"如果我是你,史蒂夫,也许'我的'爸爸会是'那个'爸爸。"如果能知道史蒂夫对这个回答的想法,应该会很有趣。

没有任何一种被广泛接受的发展心理学理论曾真正地肯定前青春期(9—12岁)的孩子具有哲学思考。其中一个原因或许是因为这些孩子"无意识地"提出的哲学见解与问题,不仅奇妙惊人且不合常规。例如上述史蒂夫提出的问题,以及我曾在《哲学与幼童》书中讨论的例子,都是些"稀奇古怪"的问题与想法。由于发展理论学者基本的关注点放在了常规与标准的能力上,所以在方法论上他们几乎都选择忽视这些特殊的问题与想法。

但是这些儿童"做"哲学的能力怎样呢?在我与圣玛丽小学的孩子对话当中,他们展现了多么丰富的哲学能力!为什么发展心理学家在描绘9—12岁孩子的心智时也没有意识到这一点呢?想要充分、合适地回答这个问题,恐怕很复杂,也将会很深奥。这些重点应该都得包含在任何一项完满的答案之内。下面我简要提出三点。

第一,发展心理学家大多喜欢研究已经被社会广泛重视的发展能力,而不愿研究尚被忽视的发展能力。进行哲学思考和开放地讨论基本问题的能力正好是我们社会普遍不重视的方面。大多数成年人很少甚至不曾思考过哲学问题，而且根本不在乎好好接受哲学训练，甚至根本不曾受过哲学训练。因此，发展心理学家不了解儿童的哲学思考能力，也不研究哲学问题，实在是没什么好大惊小怪的。

第二，发展心理学家很自然地按生物模型来构想人类心理的发展模式，通常是采用一个成熟的样本（成人）作为标准，再让未成熟的个体（儿童）照此发展。随后，发展心理学家便可以依据具体个体解决问题的能力与技巧，来判定他正处于何种发展阶段，或者找出促进或延迟其达到成熟阶段的影响因素。如果以这种方式看待发展心理学，那么对于心理所处阶段的研究，对于促进或延迟发展的因素的研究，都无法进行了，除非能够先有一项公平完善的标准——标示出成熟的个体到底具有何种技巧或能力。也许这些专家真的有些公平完善的标准可以用来测定数学能力、掌握一般物理常识的能力成熟与否，或者测验语言的听说读写能力，但是却不曾有人思考过哲学思考与哲学讨论能力成熟的合理标准应该是什么，甚至没有人想过哲学思考与讨论的能力是否应算一种能力发展指标。由于发展成熟的概念当中缺乏了从事哲学对话的能力，所以发展心理学家在标准化的想法与操作之下自然会忽视它的存在。

第三，众所周知，认识发展心理学的巨擘非让·皮亚杰莫属。而皮亚杰的哲学观念向来更接近他所成长的瑞士与法国的文化，较少受到英语世界主要文化传统的影响。欧陆哲学向来比英美哲学更有体系也更自以为是。相反，主导英美哲学的分析哲学，在风格上要实在得多，而且通常会有活泼的玩笑和奇思妙想。（毕竟《爱丽丝漫游奇境》的作者刘易斯·卡罗尔就是位专业哲学家。）相比皮亚杰采用的那种较高高在上的风格来说，这种风格确实是更类似于儿童较易掌握的甚至可以说相当擅长的思考方式。因此，我们对于皮亚杰会认定青春期的青少年（他称之为"形式运算阶段"）智力才可能得到充分发展，也才能够展现出哲学思考的认知宽度这一主张，也就不足为奇了。皮亚杰本人对儿童的哲学能力缺乏敏感度，也不懂得欣赏，我甚至还想说他根本没有"耐心"。尽管如此，在他所著的书中，儿童的哲学能力偶尔也会灵光一现，使得英语世界的哲学家心头一暖（见《哲学与幼童》第四章）。

  发展心理学有没有谈及幼童既已表现出能够从事真正哲学对话的能力这一点是否重要呢？从某方面来看，我认为它的确重要，但从另一方面来说则不见得。如果我们无法在哲学思考与讨论的成熟标准上达成共识，那么，这种能力或许不是发展心理学所该关心的。发展心理学者有更好的思考对象——那些更适合他们学科发展目标与策略的东西。

然而这个主题还有不容忽视的另一面。老师与久经世故的父母，往往以发展心理学专家的眼光来检视他们的孩子像什么，事实上，更以之要求孩子"应该"像什么。如果发展心理学家的故事和叙述里没有提及儿童有从事哲学讨论的能力（或许是因为这种能力对发展心理学家的研究策略没有帮助），那么许多老师与父母就不会想到与他们的孩子进行开放的哲学讨论，因此，成人与儿童就都无法体验这种既奇妙又陌生的探究模式。在这种探究模式里，成人不仅无法控制结果，也无法依靠年龄与经验的优势坚持自己的主张。同时，如果没了这种讨论，成人与儿童也都无法分享在共同解决困惑时突如其来的洞见，以及奇迹似的排除困惑之后所带来的快感。

结　语

1983年6月学期结束时，我在爱丁堡的皇后大厅（Queen's Hall）参加圣玛丽音乐小学的音乐会。尼尔与达波走过来坐在我身边。

尼尔说他刚刚还在读我们一起创作完成的故事集，那是上个星期才分发给孩子们的整理完备的复印件。"这些故事真好，"他停了一下，然后鬼鬼祟祟地笑着说，"我正好看到小狗在地毯上到处尿尿的地方。"

"我记得在班上讨论的时候你很喜欢那部分。"我说。

当我们全都坐定之后，我低下头对达波说："我不停地在想着那些我喜欢和你们讨论的东西。"

"例如？"

"嗯——，"我迟疑了一下，看着手上的节目单，想着等一下的音乐表演，接着又说，"我们可以写个故事，故事中有个人说某一种音乐是悲伤的，而另外一个人却认为不是音乐悲伤，而是人很悲伤。然后说不定弗雷迪想了又想之后说，悲伤的音乐是某些人在悲伤的时候作出来的。然后也许艾丽斯听到了却说不对，她或许会轻快地唱着《两只老虎》。"说到这里，我立刻用轻快的方式哼了一小段，让他们了解，接着又说："现在艾丽斯又指出可以用同一曲调慢慢地唱，用较低沉的声音，像这样——"我又示范地唱了另一段以作演示。

"那好像送葬时的哀乐！"达波说。

"正是！"我说完之后想起马勒曾用与《两只老虎》同样的旋律①谱成葬礼音乐的交响曲，"现在……"

"我'喜欢'这样做！"达波说。

"现在你做这些就不会难过了。"我随口说。"你可以这么做，把它当作功课练习或好玩的事……"这时候达波恰好替我说出我的想法。我柔弱地接着说："正如你刚刚说的，当你说你'喜欢'做的时候！"

"所以悲伤的音乐不可能是悲伤的人写出来的。"达波说。

"这会不会是个讨论的好题目呢？'为什么有的音乐悲伤，有的音乐快乐？'"我问。

他点点头说："的确有太多我们可以讨论的事情了。"

我想不出任何不伤感的回答，所以只好笨拙地说："是啊！"然后我们将注意力转到音乐会上，那场音乐会一点也不悲伤，我甚至很快就感受到，那是我与圣玛丽音乐小学合作的一个完美休止符！

---

① 《两只老虎》是中国人耳熟能详的曲子。这首曲目的旋律可以追溯至 17 世纪的法国儿歌《雅克兄弟》(Frere Jacques)。作曲家马勒在《第一交响曲》的第三乐章中将之转换为一首葬礼进行曲。儿歌《雅克兄弟》于 20 世纪 20 年代传入中国，以不变的旋律被填入各种版本的歌词。《两只老虎》的歌词版本约出现于 20 世纪 50 年代之后。——编者注

译后记

翻译这本小书已经是三十年前的事情了，很高兴今天有机会重新在中国大陆出版。对照我近三十年来关于儿童思考教育与儿童哲学的研究，恰好也是在时间空间上最佳的批注。

这几年我在北京实践儿童哲学课程以及故事思考教学，时间接近三年，从孩子珠玑智慧的言语和素朴简约的思维，却能看出他们往后确实无可限量的发展性，这些观察正是"儿童是天生哲学家"这句话的最佳批注。

同时期里，我也面向家长与部分教师，与他们谈论早期思维教育与语文发展及逻辑发展的关系，虽然仍属小众团体，但是我相信日后有机会造成巨大影响。因为我尽量让他们相信：改变与孩子对谈的方式，不仅可以协助孩子全面发展，也能培养孩子的独立性格与自主能力。

在这本小书里，马修斯教授提供了许多真实案例可以让成人思考与孩子说话的重要性，同时他也深入浅出地说明这些案例背后的哲学与心理学理论背景，让有兴趣的成人能更进一步自我学习，从而发展自身对儿童思维发展的能力，算是一本很基础的入门书籍。

相信目前许多中国家长都非常关切孩子的教育问题以及未来的发展结果，所以也愿意投注心力在自我教育与自我成长上。因此，希望这本小书能够给大家带来一部分指引的方向。

陈鸿铭 于台北
2015年5月